초자신감

AI와 코로나19에 녹다운된 나약한 우리를 위한 비장의 무기

초자신감

초판 1쇄 인쇄 2021년 8월 31일
초판 1쇄 발행 2021년 9월 7일

지은이 임채엽

발행인 백유미 조영석

발행처 (주)라온아시아
주소 서울특별시 서초구 효령로 34길 4, 프린스효령빌딩 5F

등록 2016년 7월 5일 제 2016-000141호
전화 070-7600-8230 **팩스** 070-4754-2473

값 13,800원
ISBN 979-11-91283-78-5 (03190)

임채엽 지음

초자신감

RAON BOOK

추천사

우리는 세상 속의 다양한 상황에 늘 맞닥뜨리며, 그 속에서 희로애락을 맛보며 살아가고 있습니다. 우리의 삶과 마음 속에는 성공과 평탄함만이 있는 것은 아닙니다. 세상을 살며 온갖 어려움을 극복해나가면서도 상존하는 두려움 속에서 실패를 맛보기도 합니다. 현실에 대한 두려움, 자신이 하는 일에 대한 두려움, 미래에 대한 두려움, 그리고 실패에 대한 두려움…….

이 책은 현시대를 살아가는 우리에게 두려움을 이겨내고 자신감을 통해 새로운 기회로 승화시키는 방법을 안내하고 있습니다. 저자의 진솔한 경험을 바탕으로 누구나 이해하기 쉽게 잘 제시하고 있습니다. 저는 이 책을 읽으며 마치 내가 겪었던, 내가 상상했던 경험 같아 많은 공감을 이룰 수 있었으며, 일종의 치유를 받는 느낌도 받았습니다. 독자분들도 같은 마음을 느끼실 거라고 생각합니다.

“내가 큰 성공을 거두었거나 인생의 큰 궤적을 남긴 것은 아니지만 보통시민으로서 나와 같은 고민을 하는 사회 초년생이나 평범한 일반인들에게 조그만 위로나 경험의 한 종류로 이러한 삶도 있다는 것을 말해 주고 싶다.”

저자가 남긴 말과 그에 따른 열정에 찬사를 보냅니다. “더불어 나 자신도 항상 자신감이 부족했고, 그것이 나를 발전시키는 원동력이 되었을지도 모른다”라는 말에 공감합니다.

어쩌면 우리는 나 자신을 잘 모르고 살아가고 있을지도 모릅니다. 이 책을 통해 우리 마음속의 두려움을 극복하고 내 안의 용기를 끄집어내어 ‘초자신감’을 일으켜 활기차고 희망찬 삶과 비즈니스에 보탬이 되기를 기대해 봅니다.

_ 대한건축사협회 회장 **석정훈**

나약한 소년이 어른이 되면서 겪는 온갖 고초 속에서 자신감을 찾아가는 여정을 마치 파노라마같이 재미있게 풀어냈다.

_ 동국대학교 이사장 성우 스님

미운 오리 새끼가 자신이 백조인 것을 모르듯이 우리 안에 있는 잠자는 자신감을 찾아주는 보물지도 같은 책이다.

_ 군산대학교 경제학과 교수 정균승

이 책에는 인생의 위기를 기회로 바꾸는 특별한 저자만의 비법이 숨겨져 있다.

_ JC특우회 로컬회장 이만형

전투에 나갈 때 총이 필요하듯이 이 책이 사회라는 전투에서 강력한 무기가 되어줄 것이다.

_ 원예농협조합장 고계곤

프롤로그

초(超)자신감이 이끄는 삶

요즘 세상의 변화는 빠르다. 아침에는 맞았던 게 저녁에는 틀린 것이 될 정도로 모든 것이 초(超)스피드로 변한다. 도무지 정신을 차릴 수가 없다. 권투로 말하면 그로기(groggy) 상태인데 상대방의 카운터펀치는 계속 들어온다. 코로나19 팬데믹(pandemic) 상황에서 전 세계는 락다운(lockdown) 상태가 지속되고, 그 여파로 기존 산업 체계가 무너지고 재편되고 있다. 과학기술의 발달로 인간의 수명은 늘어나지만 인공지능, 로봇 등에 의해 인간이 설 자리는 좁아지고 있다. 이 거대한 변화에 편승하면 살아남을 수 있지만, 도태되면 사라질 수밖에 없는 절체절명의 위기 속에서 우리는 하루하루를 연명하고 있다.

코로나19로 인한 경기 침체로 자영업자가 폐업을 하고, 신규 채용은 줄어들고, 이로 인해 실업자는 늘어나고 있으며, 여기저기서 곡소리만 들린다. 그렇다고 계속 신세한탄만 하고 있을 수만은 없지 않은가? 새로운 돌파구를 찾아야 한다. 인공지능과 로봇과는 차별화할 수 있는, 인간만의 창의적 능력에 새로운 대안이 있을 것이다. 힘이 드는 일은 로봇에게 맡기고, 데이터의 축적과 활용은 인공지능에게 맡기면 된다. 인간은 방향을 제시하고 새로운 창의적 비즈니스 모델을 만들면 된다. 인간의 능력을 극대화시키고 인공지능과 로봇에도 지지 않는 꿋꿋한 인간 본연의 힘을 필자는 '초(超)자신감'이라고 생각한다. 두려움은 자신감을 위축시키고, 있는 능력도 사라지게 하는 암흑의 힘을 갖고 있다. 반면에 초자신감은 능력을 확장시키고 여유를 주어 시야를 넓게 하는 동시에 창의적 활동을 생산해내고 열정을 불러일으킨다.

이 책에서는 필자의 삶의 경험 속에서 두려움을 감소시키고 초자신감을 증대시키는 치열한 과정을 소개하고, 독자와 동시대를 살아가는 사람으로서 공감대를 형성하고 초자신감을 상승시키는 방법을 제시하였다. 필자는 유명인도 아니고, 엄청난 성공을 이룬 입지전적인 인물도 아니다. 독자와 삶의 궤적이 비슷한 보통의 사람이며, 지금도 여전히 초자신감을 지키기 위해 두려움과 싸우고 있다. 남의 이야기가 아닌 필자가 온몸으로 겪은 경험을 토대로 썼기에 여러분이 쉽게 공감하고 서로 용기를 불어넣을 수 있다고 생각한다. 필자도 1997년의 IMF와 2008년의 금융위기를 겪으면서 정리해고와 사업의 위기를 경험했고, 인생의 여러 시련 속에서 두려움과 맞닥뜨렸다. 삶의 고비마다 나를 지탱하고 지켜준 초자신감을 여러분에게 소개하고, 초자신감을 상승시킬 수 있는 방법을 제시하였다. 실직하거나 사업에 실패한 분들, 취준생 등 위기에 처하거나 힘들어하는 독자분들에게 위안이 되길 바란다.

독자분들이 자신감을 찾아 삶의 열정을 불태울 수 있기를 간절히 소망한다. 지금의 나를 만들어준 시련과 고통에 감사하며 지금 암울한 현실에 좌절하는 이들에게 초자신감 풀파워의 행복을 느끼게 해주고 싶다. 나는 지금도 자신감이 가득 찼을 때를 상상하는 행복한 단꿈에 빠져 있다.

임채엽

차 례

2장

나를 당당하게 만드는 자신감

3장

초자신감을 만드는 트레이닝

1장

나를 초라하게 만드는 두려움

슈퍼맨도 옷 갈아입을 시간이 필요하다

인생에는 긴장되고 떨리는 순간이 많다

삶은 온통 평가받는 일 투성이다. 그리고 타인에게 잘 보여야 하는 순간이 굉장히 많다. 초중고의 온갖 시험들과 수능을 거쳐 대학에 진학하고 직장에 들어가기까지 우리는 무수히 많은 실기·필기·면접시험을 거친다. 평가받는 일은 직장에 들어가서도 멈추지 않는다. 고과 평가, 진급 시험, 각종 프레젠테이션 등 정말 살 떨리는 순간이 많다.

직장인뿐만이 아니라 전문직, 자영업자도 마찬가지다. 심지어 이성과의 첫 만남도 가슴 떨리는 순간이 있었을 것이다. 우리는 이때마다 어떻게 대처하는가? '그냥 어떻게 되겠지' 하며 자포자기한 사람도 있고, 나름의 준비를 열심히 한 사람도 있을 것이다. 준비를 열심히 한 사람도 막상 실전에서 소기의 목적이나 자신이 생각한 만큼의 성과를 거두지 못해 속상해한 적도 많을 것이다.

약간의 쉼을 주었을 때 생겨난 용기

나는 몇 년 전 웅변대회에 나간 적이 있다. 대통령상이 걸려 있는 전국대회에, 청중이 객석을 꽉 채워 더욱 긴장됐다. 무대 바로 앞에서 발표자들이 호명되고 순서대로 차례를 기다리는데 심장이 100m 달리기를 한 것처럼 쿵쾅거리고 준비해둔 원고가 전혀 생각나지 않았다. 거기에 더해 이전의 발표자들은 어찌 그리 잘하는지 나를 더욱 위축시켰다. 그 순간 모두 포기하고 집에 가고 싶었다.

드디어 내 순서가 되었다. 떨리는 마음에 연단에 섰다. 청중도 눈에 들어오지 않았다. 바로 웅변을 시작하려는데 마이크가 내 키에 맞지 않았는지 사회자가 연단에 나와서 마이크 높이를 조정해 주었다. 그 시간이 3초 정도 되었을까? 사회자가 마이크를 조정하는 사이에 나는 청중을 한 번 훑어볼 수 있었다. 그제야 청중이 하나하나 눈에 들어오고 마음이 진정되었다. 무사히 웅변을 마치고 나는 일반부 장관상을 받았다.

이때 나는 마이크를 조정하는 그 3초가 얼마나 중요한지 알게 되었다. 이 3초는 내가 용기를 낼 수 있는 마음의 준비 시간이었고 무대에 적응하는 시간이었다.

슈퍼맨도 옷 갈아입을 시간이 필요하듯

이렇듯 일상에서 두려움이 우리를 덮칠 때, 자신감이 필요할 때, 당황하지 말고 두려움을 직시하고 적응의 시간을 가져야 한다. 자신감의 특성을 알게 되면 '나는 왜 이리 용기가 없지' 하고 자책할 필요가 없다. 어렸을 적 봤던 만화에는 반드시 나오는 장면이 있다. 주인공들이 적들에게 위협을 당해 급박한 위기에 처하면 그제야 정의의 사도가 나타나 적들을 물리치는 장면이다.

자신감도 우리가 두려움에게 처절하게 당하고 있을 때 나타나 우리를 구해주는 것이다. 슈퍼맨만 보더라도 옷을 갈아입으려고 공중전화 부스를 찾아다니다가 절체절명의 순간까지 간다. 보는 입장에서는 옷은 갈아입지 말고 복면만 쓰면 더 빨리 구할 수 있을 것 같은데 말이다. 아마도 자신감 자체가 스타 기질이 좀 있는 것 같다. 프로야구나 프로축구에서 보듯이 슬럼프에 빠졌다가도 스타는 결정적인 순간에 한방을 해낸다.

이승엽 선수는 2007년 손가락 부상으로 일본 요미우리 자이언츠에서 슬럼프를 겪고 있었다. 그러나 결국 2008년 베이징 올림픽 대표팀에 차출됐고, 예선전까지 23타수 3안타의 1할을 치고 있었다. 준결승까지 올라 상대 팀인 일본에게 2:2로 맞선 8회 1사 1루에서 타석에 들어섰다. 카운트가 투 스트라이크 노 볼까지 몰렸지만 이승엽 선수는 끝내 역전 투 런 홈런을 쳐냈다. 얼마나 값진 홈런인가! 우리는 자신감이 이렇게 결정적 순간에 나타난다는 것을 알아야 한다.

각종 두려움에 노출될 때 우리는 놀라고 긴장하기 마련이다. 이때 중요한 것은 두려움과 맞닥뜨린 순간에 쉼을 주어 두려움에 적응하고 마음의 준비를 할 시간이 필요하다는 것이다. 흙탕물이 맑아지려면 시간이 필요하듯이 말이다.

마치 자신감 있는 것처럼 행동하자

용기란 표현하는 것이다. 마치 복어가 위험한 순간에 큰 물고기처럼 몸을 부풀리지 않으면 목숨을 잃을 수 있는 것처럼, 설령 순간 자신감이 없더라도 마음의 준비를 하고 자신감이 등장할 때까지 자신감 있는 것처럼 행동해야 한다. 상황과 때에 따라서 과대포장을 활용하자. 그래야만 두려움이 우리를 감히 넘보지 못한다.

《삼국지(三國志)》에 '사공명주생중달(死孔明走生仲達)'이라는 고사성어가 나온다. 죽은 제갈공명이 산 사마의를 달아나게 한다는 뜻인데 사마의는 천문을 보고 제갈공명의 사망을 예상하고 제갈공명의 촉군을 공격한다.

하지만 제갈공명은 자기가 죽은 후 공격당할 것을 예측하고 자신의 옷을 입힌 목상을 만들어놓았다. 이를 본 사마의는 혼비백산하여 퇴각했다고 한다. 즉 사마의의 두려움은 죽은 제갈공명이라는 과대 포장된 자신감을 넘지 못한 것이다. 초원의 왕 사자도 사냥할 때 제일 약하고 병든 동물을 사냥한다고 한다. 두려움도 마찬가지로 우리가 약해 보일 때 우리를 넘본다.

부연하면 자신감을 장착하기 위해서는 시간이 필요하다. 따라서 자신감을 기다려야 할 것이다. 그때 필요한 마음가짐은 나는 이 순간 세상 최고의 자신감을 가진 사람이라고 믿고 세상 최고의 자신감을 가진 사람처럼 행동하는 것이다. 이런 준비태세를 갖추어 자신감을 기다릴 때 기회는 오게 되어 있다.

나를 벼랑 끝에 세워라

두려울 때면 떠올리는 두 얼굴

살면서 어려운 상황에 직면할 때마다 나는 습관적으로 떠올리는 두 얼굴이 있다. 바로 안중근 의사와 유관순 열사다. 내가 애국주의자여서가 아니다. 나는 두 분의 사진을 자신을 독려하는 에너지로 활용한다. '안중근 의사와 유관순 열사의 정신을 계승하자. 내가 힘들고 어렵게 생각하는 지금의 상황은 이 두 분이 당한 고초의 만분의 일도 되지 않는다'라고 다짐하곤 한다.

실제 내가 겪고 있는 현실의 어려움이란 이들의 숭고한 희생에 감히 견줄 수도 없다. 죽음에 이를 정도의 모진 육체적 고통과 그에 따른 정신적 고통은 내가 감히 상상조차 할 수 없다. 햇빛도 들지 않는 좁고 차가운 시멘트 감옥에서 상상 이상의 고통을 담담히 이겨낸 그들의 숭고한 희생에 고개가 숙여지고 눈물이 흐른다. 그래서 나는 마음에서 두려움이 피어나고 나태해지면 꼭 이 두 분을 떠올린다. 그리고 '자신만을 위하는 이기적인 삶보다는 국가와 민족을 위하는 삶을 살아야겠다' 하고 마음먹는다.

포털사이트에서 내가 사는 집 주소를 검색하면 지도에 우리 동네가 나오고 지도를 점차 확대해보면 대한민국 땅이 보인다. 그리고 점차 중국, 러시아, 일본 그리고 유럽과 남북미 대륙까지 전 세계가 지도 안에 펼쳐진다. 이쯤 되면 애초에 검색했던 우리 집은 물론 동네도 전혀 보이지 않는다. 이처럼 나는 지도를 확대하듯 두려움을 느낄 때 생각을 확대한다. 지엽적으로 나만 보지 말고 거국적으로 민족을 위한다는 신념으로 세상을 살면 내가 직면한 어려움과 고민은 티끌조차 되지 않는다는 걸 알 수 있다.

절박하면 통한다

어려움에 부딪혔을 때 나타나는 나의 또 다른 습관은 '절박함'의 정도를 헤아리는 것이다. '나는 더 이상 물러설 곳이 없다는 절박함으로 일을 한 적이 있었던가?'

중국 한나라의 한신(韓信)이 '배수(背水)의 진(陣)'을 치고 조나라

군대를 물리친 일화 역시 유명하다. 싸움에서 이길 가망이 없자 더 이상 물러설 수 없게 강을 뒤에 두고 싸우는 벼랑 끝 전술로 병사들의 마음가짐을 결속시켰던 것이다. 이런 정신력으로 세상을 살아간다면 못할 것이 있을까? 나약한 마음이 생기고 현실과 타협하고 싶을 때 나를 절박하게 벼랑 끝에 세우면 위기의 순간에 초인적인 힘이 나오는 법이다.

하루를 살아도 검투사처럼

2018년에 이탈리아의 콜로세움에 간 적이 있다. 지금 봐도 웅장한 건축물인데 아마도 과거에는 최고의 건물이었을 것이다. 그런데 이런 멋진 건물이 검투사들의 목숨을 건 결투가 이루어지고 죄수들을 공개 처형한 곳이라니 참으로 아이러니다. 콜로세움을 직접 느껴보면서 '2천 년 전의 목숨을 건 검투사들과 처형을 당한 죄수들은 어떤 심정이었을까?' 하고 상상해봤다.

'경기장 안에 들어가면 살아서 나올 수 없었을 것인데 그들은 마지막으로 이 벽에 기대어 무엇을 생각했을까?' 잠시 눈을 감고 상상력을 동원해봤다. '만약 내가 내일 죽는다면 오늘 나는 무엇을 할 것인가?' 가족이 먼저 떠올랐다. '조금 더 잘해주고 말이라도 곱게 하고 다정하게 해줄걸' 하는 후회가 밀려왔고 '조금 더 열심히 살았으면 좋았을걸' 하는 아쉬움이 밀려왔다.

"내가 헛되이 보낸 오늘 하루는 어제 죽어간 이들이 그토록 바라던 하루다"라는 말도 있다. '검투사들이나 죄수들도 그런 심정이 아니었을까? 누군가가 그토록 살고 싶어 했던 하루를 나는 너무 쉽게 소비하지 않는가?' 여러 가지 복잡한 마음이 들었다. 이제 당당하게 살아보자. 내일 죽더라도 후회하지 않는 오늘을 살아보자. 두려울 것도 거칠 것도 없다.

실패는 인생의 큰 도움닫기 판이다

어려움에 처하거나 두려움이 엄습할 때 '내가 처한 현실이 가장 암담하고 내가 세상에서 제일 힘들다'는 느낌이 든다. 그로 인해 두려움과 어려움의 벽 앞에서 좌절하거나 현실에 타협하는 경우가 많다. 나부터도 '재벌 집 아들로 태어났으면 16기통 스포츠카를 타고 수영장이 있는 호화로운 저택에서 살며 명품을 걸치고 폼 나게 살 텐데' 하고 생각한 적이 한두 번이 아니다.

'내 아버지가 워런 버핏이었으면 얼마나 좋을까?'라고 생각하며 재벌이 아닌 아버지를 원망했다. 그러나 역으로 생각하면 아버지는 아버지대로 '내 아들이 일론 머스크나 마크 저커버그였으면 내 삶이 풍족했을 텐데' 하며 나를 원망할 수 있지 않겠는가? 과욕은

과욕을 낳고 원망은 원망을 부른다.

둘째 딸이 입시에서 125:1의 경쟁률을 뚫고 2020년 한국예술종합학교 입시 1차에 붙었다. 그때까지 둘째는 여러 크고 작은 시험에서 떨어져본 적이 없었다. 내가 옆에서 지켜본 바로는 늘 자신의 노력 이상으로 성과가 나왔다.

나는 아내에게 "최종 합격하면 좋겠지만 떨어져도 딸아이의 인생에서 크게 나쁠 것 같지 않다"고 말했다. 입시에 합격하면 세상을 만만하게 생각하고 계속 큰 노력 없이 살다가 세상의 벽을 만났을 때 좌절하고 낙담하게 될까 봐 걱정됐다. 결국 딸아이는 최종에서 탈락했다. 딸아이는 실의에 빠졌고 나에게 여러 가지 이유와 핑계를 대고 자신을 알아주지 않는 것에 대해 불만을 말했다.

나는 이야기를 다 들은 후에 딸아이에게 "노력한 만큼만 기대하고 결과에 대한 책임을 지면 좋겠어. 그리고 남 탓하지 말고 자신 탓을 했으면 좋겠어. 남 탓 해봐야 달라질 것 없고 의미가 없어"라고 말했다.

한국예술종합학교에서 낙방하기 전까지 딸아이는 전반적으로 본인이 원하는 것을 다 이루며 살아왔다. 지방에서 한림예고로 편입도 했고, 교육청에서 실시하는 뮤지컬에 합격해 공연도 했다. 나는 아이에게 "넘어져보지 않으면 일어서는 법을 모르고 또 일어설 힘이 없는 사람은 쉽게 좌절한다"고 말해주었다. 많이 넘어져보면 쉽게 일어나지만 넘어져보지 않은 사람은 다시 일어날 수 없다고 말이다. "이번에 넘어져서 네 인생에 큰 도움이 됐을 거야"라고 위로했다. 딸아이는 수긍하고 앞으로 더욱 열심히 하겠다고 했다.

두려움과 실패는 내일을 위한 밑거름

주위를 둘러보면 본인이 겪은 힘든 상황을 감사하게 받아들일 사람이 무수히 많다. 그런 사람들은 나보다 더 힘든 상황에서도 힘차고 씩씩하게 상황을 대처하며 나가는 사람들이다. 푸념은 어린아이의 어리광에 불과하다. 부모님도 없이 혈혈단신으로 세상에 맞서는 사람들도 부지기수다.

또한 사고로 팔다리를 잃었거나 여러 가지 신체적 결함을 가지고 세상에 감사하며 살아가는 사람도 수를 헤아릴 수 없다. 그들은 자신의 상황에서 겪는 어려움을 선물이라고 생각할 수도 있다. 세상에 맞서보자. 나보다 더 어려운 곳에서 치열하게 사는 사람들을 생각하며. 오늘을 헛되이 보내지 않는다면 실패도, 두려움도 모두 내일을 위한 밑거름이 될 것이다.

한계를 극복하는 순간
온전한 내가 된다

성공만큼 중요한 실패

매일 반복되는 삶에서 벗어나는 것은 도전하는 삶을 사는 것이다. 두려움보다는 '무슨 일이 생길까?'라는 기대와 설렘이 있어야 흥미로운 삶을 살 수 있다. 실제로 우리의 뇌는 반복되는 일은 짧게 느끼고 새로운 일은 길게 느껴 나이가 들수록 시간이 빨리 가는 것처럼 느껴진다고 한다. 시간이 빨리 간다고 느끼는 사람은 매일, 매주, 매월 반복되는 일상이 많은 사람이다.

도전하기 위해서는 실패를 두려워하지 말아야 한다. 도전해서 실패한다 해도 얻는 게 있기 때문이다. 전 세계 인재가 모여드는 하버드대학교나 스탠퍼드대학교 등의 명문대학에서는 입학 면접에서 반드시 하는 질문이 있다고 한다. 바로 실패 경험에 관한 질문이다.

또한 입학하고 나서도 이들 대학은 학생들에게 무수한 실패를 경험하게 하고 이를 발표시킨다고 한다. 이는 실패에 제대로 대응하는 능력이 무엇보다 중요하다는 것을 강조하기 위함일 것이다. 실패의 경험이 없는 사람은 역경에 부딪혔을 때 좌절하고 자칫 극단적인 선택을 하기도 한다.

즉, 실패에 대한 예방접종을 미리 맞아 내성이 생겼을 때 역경을 딛고 일어설 수 있다. 삶을 기대와 설렘으로 가득 채우려면 실패에 대한 내성을 만들고 일어서는 근육을 만들어야 한다. 실패가 있어야 성공이 빛나고 아름답다. 감동적인 인생 드라마의 조연으로 실패만큼 빛나는 조연은 없다.

몽골제국의 칭기즈 칸이 되자

"나를 극복하는 순간 나는 칭기즈 칸이 되었다." 중앙아시아를 평정하고 동서양에 걸친 대제국을 건설한 몽골제국 1대 왕 칭기즈 칸이 남긴 말이다. 이 말을 처음 들었을 때 묘한 힘을 느꼈다. 칭기즈 칸의 기운이 느껴져 나의 심장이 힘차게 뛰는 느낌이 들었다.

지금도 이 말은 나태해지고자 하는 나의 몸과 마음에 활력을 불어넣어준다. 글도 모르는 칭기즈 칸이 그야말로 필드에서 몸으로 느낀 살아 있는 명언이며, 경험 없이 생각만 가지고는 결코 나올 수 없는 조언이기 때문이다.

불꽃같은 도전의 삶을 살다 간 칭기즈 칸은 세계 역사상 가장 넓은 영토를 차지했던 정복왕으로서 미국 신문사 〈워싱턴포스트〉는 1995년 그를 지난 천 년간 세계사에서 가장 중요한 인물로 꼽기도 했다. 이외에도 칭기즈 칸은 "숨 쉴 수 있는 한 절대로 포기하지 마라"는 말을 남겼다. 오랜 시간이 지난 지금도 내가 칭기즈 칸을 존경하는 이유다.

도전은 심장을 뛰게 한다

나는 스스로 무지하다고 생각하지만 이런 무지함이 오히려 나의 장점이라고 생각할 때가 있다. 나는 무엇보다 나 자신을 스스로 한계 짓지 않는다. 주위에서 아무리 만류해도 무지한 나는 시도한다. '내가 겪어보지 않은 일이고, 나는 무지하기에 직접 경험해보겠다'라고 마음먹는 것이다.

게다가 나는 나의 능력을 제대로 알지도 못한다. 그래서 나의 능력을 정확히 알면 행하지 못했을 일들도 그간 여러 번 했다. 예전보다 조금 많이 깨우쳤다고 생각하는 지금은 시도할 수 없는 일을 예전에는 거리낌 없이 했다.

10년 전, 나는 수익이 괜찮은 사업을 접한 적이 있었다. 하지만 수익이 좋은 반면 투자금이 나의 범위를 넘어섰고 진입장벽도 높은 사업이었다. 사업에 맞는 건물을 지어야 했고, 기존 사업자들의 동의를 얻어야만 비로소 사업을 할 수 있었다. 거액을 들여 건물을 짓고 동의를 구하려 하니 기존 사업자들의 거센 반발에 부딪혀 사업은 무산될 지경이 되었다. 투자금이 7억 원이 넘었고 거의 신용대출로 하다 보니 이자 부담도 버거웠다.

기존 사업자들을 설득하기 위해 여러 가지 당근을 제시했지만 허사였다. 알고 보니 이전에도 문을 두드린 사람이 많이 있었지만 모두 포기한 사업이었다. 결과적으로는 우여곡절 끝에 사업을 시작했지만 지금 생각해도 너무나 무모한 도전이었다. 진입 가능성이 거의 없는 사업에 자기 자본도 거의 없이 빚으로 수억을 투자하라고 했을 때 쉽게 도전할 수 있는 사람은 많지 않을 것이다.

지금의 내 상식으로는 불가능한 투자였고 상상할 수 없는 일이었다. 그때 도전할 수 있었던 이유는 돌이켜 생각해보면 첫 번째는 젊었고 열정이 있었기에 가능했던 것 같다. 또 하나는 실패한 경험이 있었기에, 이 교훈을 밑바탕 삼아 나 자신의 한계와 능력을 알고 판단을 내리는 데 큰 도움을 받을 수 있었다.

만약 젊었던 시절의 무모하고도 다양한 경험이 없었다면 나이 들어 쓰라린 경험을 맛볼 수도 있었을 것이다. 내일은 내일의 일이 따로 있다. 오늘 일은 내일로 미루지 말고 오늘 도전하자. 다시 심장이 뛰는 경험을 할 수 있을 것이다.

하루라도 불꽃같이 살아보자

사람들은 끝없이 편안함을 추구한다. 추우면 따뜻한 곳에 가고 싶고, 서면 앉고 싶고, 앉으면 눕고 싶다. 그 욕구는 끝이 없다. 하지만 편안함은 편안함으로 끝난다. 미래에 아무런 영향을 주지 못하기에 좋은 결과를 기대할 수 없다. 하지만 도전은 기대한 결과물뿐만 아니라 기대하지 않은 많은 성과를 가져다준다. 삶에 대한 열정적인 자세는 뜻하지 않은 기회를 가져다주기도 한다. 목표를 정하고 목표를 성취해가면서 느끼는 짜릿함은, 느껴본 사람만이 알 수 있는 깊은 행복이다.

요령은 결정적인 순간에는 통하지 않는다

혹자는 공부도 요령이고 사회생활도 요령이라고 이야기한다. 시험에 잘 안 나오는 범위는 포기하고 많이 나오는 곳을 공략하여 과락을 피하거나 합격 점수만 넘기는 방법으로 공부하면 된다고 말한다. 거기에 더하여 60점도 합격이고 99점도 합격이면 적은 노력으로 60점 받으면 된다고 말한다.

하지만 나는 자신 있게 말할 수 있다. 요령은 한두 번은 통해도 결정적인 순간에는 통하지 않는다고 말이다. 얄팍한 마음가짐으로는 크고 당당한 사람이 될 수 없다. 임시방편으로만 삶을 산다면 순간의 상황은 모면할 수 있을지라도 결코 큰 그릇은 될 수 없다. 왜냐하면 임시방편 자체가 소인배의 마음가짐이기 때문이다. 임시방편이 당장 눈에 보이는 급한 불은 끌 수 있을지언정 결코 큰 성과로 이어질 수 없고, 잘못하면 요령꾼으로 비쳐질 수 있다. 어떤 CEO라도 요령꾼에게 큰 과업을 믿고 맡기지 않는다.

시험도 수석 합격하겠다는 마음가짐으로 덤벼야 겨우 합격할 수 있다. 턱걸이만 하겠다는 마음가짐으로 합격한 사람을 지금까지 본 일이 없다. 그렇다면 어떻게 도전을 해야 할까? 바로 앞의 성과를 추구하지 말고, 멀리 보며, 크게 행동하자. 도전하는 삶이 가져다주는 것은 두려움보다 기쁨이다.

손해 볼 것을
두려워하지 말자

돌을 대하는 호랑이처럼

많은 사람들이 면접 또는 프레젠테이션 상황에서 두려움을 느끼는 이유가 스피치를 못하기 때문이라고 생각한다. 그래서 스피치 학원을 다니면 어느 정도 해결될 것으로 생각한다. 그러나 이것은 근시안적인 생각이다.

예컨대 오십견이 생겨 어깨가 아프다고 가정해보자. 우리는 이 경우 대개 어깨에 파스를 붙일 것이다. 파스를 붙이면 일시적으로 고통은 사라질 수 있다. 하지만 근본 원인은 제거되지 않았기에 가까운 시일 내 다시 어깨가 아플 것이다. 그러면 으레 파스 효과가 떨어졌다고 생각하고 새 파스를 뜯어 붙일 것이다. 그러나 오십견의 근본 원인은 잘못된 자세에서 기인하는 경우가 대부분이다. 자세를 바르게 바꾸지 않는 이상 어깨는 계속 아플 것이며 더 악화될 소지가 많다.

면접과 프레젠테이션은 직접적으로 합격이나 승진과 연관되는 경우가 많으며, 평가받고 우열이 가려지는 자리다. 이러한 이유로 면접과 프레젠테이션을 잘못했을 경우 본인이 입을 손해가 크기 때문에 '손실 회피 심리'의 하나로 커다란 압박과 부담을 느낀다. 결국 두려움의 원인은 스피치 실력에 있는 것이 아니라 손해를 피하고자 하는 심리적 부담에 있는 것이다.

개에게 돌을 던지면 개는 돌을 쫓아가지만, 호랑이에게 돌을 던지면 호랑이는 돌을 던진 사람에게 달려든다고 한다. 돌을 대하는 호랑이처럼 두려움을 맞닥뜨려야 한다. 정확한 원인을 파악하여 대처해야 재발의 악순환을 끊을 수 있다.

공짜는 쥐덫에 있는 치즈밖에 없다

면접이나 프레젠테이션 상황에서 미리 충분히 준비하지 못했음에도 불구하고 좋은 결과를 얻으려고 한다. 충분히 준비하고 여러 차례 모의 테스트를 했으면 잘할 수밖에 없다. 하지만 여러 핑계로 차일피일 미루다 준비가 부족함에도 최고의 성과를 얻으려고 한다. 하지만 인풋(input)과 아웃풋(output)은 정확한 법이다.

"콩 심은 데 콩 나고 팥 심은 데 팥 난다"는 말이 괜히 있는 것이 아니다. 내가 준비한 만큼 성과를 바라야 하는데 그 이상의 성과를 기대하니 현실과 이상이 충돌해 힘들어지는 것이다. 러시아 속담처럼 공짜 치즈는 쥐덫에만 있다. 공짜 치즈를 얻으려다가 목숨을 잃고 말 것이다.

솔선수범해서 책임지자

사람들이 서로 다투는 가장 큰 이유는 서로 책임을 회피하기 때문이다. 부부간에도, 친구 간에도, 직장동료 간에도 자신의 잘못을 인정하고 책임을 지면 다투는 경우는 많이 줄어들 것으로 확신한다. 이 또한 사람의 중요 심리인 '손실 회피'에서 기인한다. 금전적으로 손해 보기도 싫어하고 자존심에 상처 나는 것도 싫어한다.

하지만 중요한 것을 간과하고 있다. 바다가 모든 강줄기를 포용할 수 있는 이유는, 바다가 강보다 아래에서 몸을 낮추고 있기 때문이다. 이러한 바다의 자세로 모든 일을 대한다면 '낮출수록 높아진다'는 진리를 체험할 수 있다.

나도 자존심 세고 지기도 싫어해서 아내와 충돌이 잦았다. 하지만 25년을 싸웠어도 아내는 변하지 않았다. 그래서 최근 들어 나를 변화시키고 있다. 집에 들어가면 "오늘 집안일 하느라 고생했지?" 하고 말을 건넨다. "저번에는 나 때문에 힘들었지?" 하며 내가 책임을 뒤집어쓴다. 그랬더니 놀라운 경험을 하게 됐다.

내가 변하니 아내도 변하는 것이었다. 나 이상으로 아내의 언행이 달라졌다. 예전에는 아내가 힘들다고 하면 "집에서 할 일 없이 놀면서 힘들면 나는 밖에서 일하다 죽었겠다"라고 응수했다. 잘못된 말이었다. 이러니 항상 눈에 쌍심지를 켜고 싸움을 했다. 하지만 이제는 상황이 완전히 바뀌었다. 책임을 상대방 탓으로 떠넘기지 말고 강줄기를 포용하는 바다처럼 책임을 자신의 탓으로 돌리자. 아마도 놀라운 경험을 하게 될 것이다.

노력한 만큼만 기대하자

우리는 막연히 다른 사람과는 달리 자신은 잘될 거라는 선민의식이 있으며, 요행으로 기대 이상의 성과를 바라기도 한다. 하지만 이러한 생각에서 빨리 깨어나길 바란다. 나부터도 오랜 시간 '난 잘될 거야'라는 생각으로 살아왔었다. 하지만 사회에 나와 부딪히다 보면 금방 자신의 진짜 실력은 여실히 드러난다. 아무리 과장하려 해도 사회라는 잣대는 정확히 측정해준다.

나도 뼈아픈 기억이 있다. 건축설계 사무실을 개업하고 얼마 되지 않아 고등학교 선배의 소개로 두 차례 미팅을 통해 요구 조건을 파악한 뒤 계획설계를 진행한 적이 있었다.

그때 공장 관계자가 너무 디테일하게 설계를 요구해 “시공 과정에서 융통성을 가지고 조정하면 됩니다”라고 답변을 한 적이 있었다. 거기에 더하여 선배에게 전화해 “계획설계 과정인데 공장에서 너무 많은 것을 요구한다”고 푸념까지 했다. 그렇게 계획설계를 주고 나서 한참 동안 연락이 없어 선배에게 전화해 어떻게 되었는지 물었더니 이미 설계가 끝나고 공사를 시작했다는 것이었다.

게다가 선배는 내가 설계한 줄 알았다는 것이다. 순간 머리를 망치로 맞은 것처럼 멍했다. 큰 노력을 들인 후에 엎어진 건 아니지만, 선배의 지인이라 나에게 무조건 설계를 의뢰할 줄 알았기 때문이다. 처음에는 화도 나고 경우가 없는 사람이라고 생각했다. ‘적어도 다른 곳에서 설계를 진행하려면 나에게 양해는 구해야 하지 않았을까?’ 하는 생각이 들었다.

선배에게 전화해 재차 푸념하니 선배가 소주 한잔하자며 저녁에 만나자고 나를 불렀다. 어느 정도 식사를 하고 선배가 속마음을 말해주었다. 건축주는 자기 인생을 걸어가며 수십억 투자하는 건데 내가 너무 쉽게 답변해 실망했다는 것이다. 사실은 선배도 나의 태도에 놀랐다고 했다. 건축주의 요구가 어쩌니저쩌니 그런 말을 본인에게 해서 조금 황당했다고 했다.

가만 듣고 보니 모두 맞는 말이었다. 친한 선배에게 아무 생각

없이 한 나의 행동들이 너무 경솔했다. 개업 후 주변의 여러 도움으로 많은 일을 하게 되어 자만한 것도 원인 중 하나였다. 이 일로 인해 많은 것을 생각했다. 사자는 토끼를 잡을 때도 최선을 다한다고 하는데 나는 그러지 못했기에 경솔한 자신에 대해 깊은 반성을 했다.

이후 그 일을 반면교사(反面教師)로 삼고 큰 프로젝트를 따낸 일이 있다. 주식시장에 상장된, 규모가 큰 회사의 공장 증축 설계의 견적을 의뢰받았다. 그때 나는 최선을 다하자는 마음에 견적을 의뢰했다. 책 한 권 분량의 설계도서에 조감도까지 작업해 견적서를 제출했다. 나중에 알게 되었는데 다른 설계사무소에서는 A4 용지 한 장에 금액만 적어서 냈고 우리 사무실은 아예 실시설계를 작성하여 제출하여 경영진이 감동받았다는 것이다. 우리 사무실이 신생 사무실임에다가 타 업체보다 높은 금액을 냈음에도 불구하고 우리가 프로젝트를 따낸 것이다.

만일 내가 실시설계와 조감도에 드는 비용이 아까워 다른 업체처럼 한 장의 견적서를 냈다면 절대로 프로젝트를 수주하지 못했을 것이다. 우리가 자신감을 갖지 못하는 이유는 손해 볼 것이 두려워서 행동에 나서지 않기 때문이다. 손해 좀 보면 어떤가? 두려움을 접고 자신감 있게 나설 때 오히려 손해보다는 이익을 더 보는 게 인생이다. 나 또한 직접 체험해보지 않고는 알 수 없었다. 하지만 해보고 나니 얻는 게 더 많았다.

위험 요소를 줄이는
의식의 전환

두려움을 느껴야 살아남는다

나는 가끔 건축 현장을 지날 때 '혹시 벽돌이 위에서 떨어지지 않을까?' 하는 두려움에 하늘을 올려다보며 현장 앞을 빠른 걸음으로 지나치곤 한다. 언제 무슨 일이 일어날지 모른다는 생각이 마음 한편에 있기 때문이다. 하루에도 많은 사람이 예기치 않은 사고로 다치거나 목숨을 잃는 소식을 뉴스로 접하면서 내게만 요행이 있으리라고 믿을 수 없었다.

그러나 한편에서는 이런 내 모습을 남이 볼까 봐 마음이 쓰이기도 한다. 나의 이런 모습이 왠지 모르게 겁쟁이처럼, 쿨하지 못한 아마추어처럼 세상에 비칠까 우려되기 때문이다. 그러나 두려움을 느낀다는 게 정말 세상에 대한 아마추어적인 태도에 불과한 것일까?

세계적인 투수 류현진 선수도 마운드(투수가 공을 던질 때 서는 곳)에서 타자들을 순간순간 상대해야 하는 두려움을 극복하고 지금의 자리에 올랐다. 이처럼 두려움은 우리 삶에 많은 영향을 끼치는 것이 분명하며, 이를 극복해야 하는 것이 삶의 과제다.

두려움을 인지하지 못함을 경계하라

찰스 다윈(Charles Darwin)은 《종의 기원》에서 환경에 잘 적응하는 개체가 오래 살아남는다는 이론을 펼쳤다. 그만큼 환경을 경계하고 상황을 살피는 개체가 생존에 유리하다는 점을 주장한 것이다.

일례로 타조만큼 큰 '에뮤'라는 새는 사람을 보고도 도망가지 않아서 잡기가 쉬웠다고 한다. 결국 에뮤는 사람이라는 큰 위험 요소를 인지하지 못해 멸종되고 말았다. 환경에 제대로 적응하지 못한 결과였다. 우리 사회에도 '안전불감증'이라는 말이 끊이지 않는다. 사전에 충분히 막을 수 있는데 위험 요소를 인식하지 못해 사고가 생기는 것을 두고 하는 말이다.

대표적인 예가 1994년 한강에 설치된 다리의 상부 트러스(부재가 휘지 않게 접합점을 핀으로 연결한 골조 구조) 48m가 붕괴되어 전 국민을 충격에 빠뜨린 성수대교 붕괴 사건과 1995년 1,500여 명의 사상자를 낸 삼풍백화점 붕괴 사고다.

삼풍백화점은 무리한 증축으로 붕괴했고 성수대교도 부실 공사로 힘없이 무너져내렸다. 모두 안전불감증으로 인해 위험을 인지하지 못해서 생긴 대표적인 인재로 기록되고 있다.

두려움에 민감한 사람이 우성인자다

두려움을 느끼는 것은 위험 요소를 인지했다는 것이다. 울창한 밀림에서 사자를 맞닥뜨렸는데 두렵지 않아 맞선다면 어떻게 될까? 결과는 뻔하지 않겠는가? 우리 주변에도 수많은 위험 요소가 있다. 인류는 위험을 알아채고 피하는 인지 능력과 지능의 힘으로 신체적인 나약함을 극복해 진화해왔다.

무수히 많은 위험 요소를 제거하고 이를 학습했기에 먹이사슬의 최상위를 차지하며 무사히 살아남았다. 이는 모두 호모 사피엔스가 두려움에 민감했기에 가능한 일이다. 이는 지금도 마찬가지다. 두려움에 민감한 사람이 최후까지 살아남을 확률이 높은 우성인자임은 확실하다.

원효대사 되기

원효대사가 당나라로 유학을 가던 중 밤에 오래된 무덤에서 잠을 자다가 시원한 물을 마셨는데, 아침에 보니 그 시원한 물이 해골에 괸 물이라는 것을 알게 되었다는 일화가 있다.

간밤의 시원한 물이 하룻밤 사이에 썩은 물로 변했을 리가 없다. 원효대사는 이 일을 통해 모든 것은 마음에 달려 있다는 것을 깨달았다. 여기서 생겨난 말이 '일체유심조(一切唯心造)'다. 이처럼 우리는 두려움을 두려움으로 인식하지 않을 수 있다. 예컨대 두려움의 떨림을 이성을 볼 때 설레는 떨림이라고 생각하는 것이다. 물론 두려움과 설레는 떨림이 같을 수는 없다.

하지만 우리의 뇌는 단순하다. 자연스럽게 웃을 때와 억지로 웃을 때의 웃음을 같다고 인식해 분비되는 엔도르핀의 양도 같다고 한다. 이처럼 우리의 이성으로 우리의 뇌를 제어하는 것이다. '두려움은 설렘이다.' 멋지지 않은가?

결국엔 마주하면
이길 수 있다

두려움은 곧 책임감이다

집 밖을 나서면 엘리베이터가 고장나 추락할 수도 있고, 아파트 고층에서 누군가가 던진 물건에 맞을 수도 있다. 길거리에 나가면 사거리 횡단보도에서 초보 운전자나 음주 운전자 혹은 무면허 운전자가 쌩쌩 차를 운전하고 있을지도 모른다는 사실에 불안하다.

거리를 걷다가 '묻지 마 폭행'에 무참하게 폭행당한 사람들이 주기적으로 뉴스에 보도되고, 지하철은 언제 화재가 일어날지 알 수 없다. 내 발밑에서 싱크홀이 생기는 것은 아닌지, 강을 건널 때 다리는 안전한지 알 수가 없다. 학교에서는 모두가 경쟁자고, 직장도 마찬가지다. 겉으로는 웃지만 언제든지 나를 밟고 진학하고 승진

하려 한다. 이 밖에도 시험낙방, 이혼, 실직, 사업 실패, 죽음 등 수많은 위협 요소, 즉 두려움이 우리 주변을 감싸고 있다.

두려움은 우리와 떼려야 뗄 수 없는, 우리 주변에서 공기처럼 존재하는 환경의 일부라 해도 과언이 아니다. 나도 그간 수많은 두려움과 마주했다. 라이선스 시험을 준비할 때는 시험에 떨어지는 결과를 상상하며 극도의 두려움에 시달렸다. 가족의 생계를 책임져야 했고 부모님의 기대에 부응해야 했기에, 정작 시험에 떨어졌을 때는 나 자신보다 더 실망하는 가족들에게 너무 미안했다.

떨어지면 또 1년을 공부해야 하고, 그만큼 비용과 시간이 더 들어가기 때문이다. 가족과의 단란한 시간은 꿈도 못 꾼다. 행여 후배가 합격했을 때 선배들은 한순간에 무능력자가 되어버린다. 두려움은 곧 책임감과 동의어다. 그래서 우리가 느끼는 두려움의 실체가 매우 크고 막강한 것이다.

두려움은 자신감의 모태다

그러나 아이러니하게도, 두려움은 책임감과 동의어인 동시에 자신감의 모태가 된다. 두려움의 끝에 이르렀을 때 우리는 다시 자신감을 불러일으키며 상황을 타개할 힘을 얻기 때문이다. 내가 시험공부를 할 때 두려움을 마주하지 않았다면 스스로 채찍질하며 독려할 열정이 생기지 않았을 거라고 확신한다. 내 경험상으로는 두려움이 클수록 열정도 자신감도 크게 생겼다. “역사는 도전과 응전의 기록”이라고 말한 역사학자 아널드 토인비(Arnold Toynbee)의 말처럼 거친 파도는 사공을 유능하게 만든다. 두려움도 마찬가지다.

좋은 환경에서는 문명이 이루어지지 않았고, 가혹한 환경에서 문명이 태동했다. 유대인을 보면 이들만큼 외세의 침입과 박해를 받은 민족도 없다. 이들의 지혜(자신감)는 외세의 침입과 박해(두려움)가 만들어준 것이다. 그러므로 우리는 두려움을 가진 자신을 자책할 이유도 없으며, 오히려 두려움을 느낌에 감사해야 한다.

위험 요소를 빨리 인지한다는 것은 멸종되지 않고 살아남을 수 있다는 뜻이며 우성인자라는 의미다. 마치 어릴 적 읽은 만화책에서 악당에게 당하고 있을 때 정의의 사도가 나타나듯이 자신감은 두려움이 기승을 부릴 때 등장한다는 것을 명심하자.

두려움은 적응하는 것이다

자타가 공인하는 최고의 MC 유재석도 처음부터 최고는 아니었다. 그도 신인 시절 횡설수설하고 부들부들 떨면서 방송한 적이 있다고 한다. 이를 본 개그맨 김국진은 “방송에 적응하기 힘들겠다”라고 말했다고 한다. 하지만 지금의 대세는 유재석이다. 두려움의 대상인 카메라에 대한 울렁증을 이겨내고 현재는 최고의 자리에 올랐다. 두려움의 끝에서 굴하지 않고 용기를 내서 지금의 자리에 오른 그는 진정 용기 있는 사람이다. 그럼 이제 그는 두려움을 느끼지 못할까? 아니, 그는 두려움을 이겨내는 방법을 찾아낸 것이지, 두려움을 없애는 방법을 찾은 것이 아니다. 두려움은 상시 우리 주변을 맴돌고 있다. 내가 존재하듯이 두려움도 늘 존재한다. 두려움은 이겨내는 것이지 없애는 것이 아니다.

자신에게 솔직할 때 자유로워진다

'법륜스님의 즉문즉설' 강연에서 한 질문자가 이런 고민을 털어놓았다. "저는 자존감이 낮습니다. 그래서 타인의 시선을 너무 의식합니다. 이것이 고민입니다." 이 질문자에게 법륜스님은 과대망상증이 원인이라고 답했다. 자신의 능력을 너무 크게 생각하고, 항상 자신보다 큰 대상과 비교해 그런 고민이 생겨났다는 것이다.

복어는 위험에 처했을 때 몸을 부풀려 위험을 피한다. 반면 인간은 상대가 아닌 자기 자신을 향해 몸을 부풀린다. 스스로가 더 멋지고 근사한 사람이어야 한다고 생각하며 혼자 고민에 빠진다는 것이 법륜스님의 진단이었다. 자신에게 솔직해졌을 때 우리는 비로소 두려움에서 자유로워질 수 있다.

우리는 두려움을 언제 느낄까?

두려움이란 무엇일까?

뉴딜정책으로 경제 대공황을 극복한 미국의 루스벨트(Roosevelt) 대통령은 "우리가 두려워할 것은 오직 두려움 그 자체"라고 했다. 그렇다면 두려움이란 무엇일까? 두려움을 느끼면 심장박동이 빨라지면서 등골이 오싹하고 식은땀이 나며 얼굴이 상기된다. 두려움은 다양한 양상으로 나타나지만 우리는 대개 다음 두 가지의 경우에 두려움을 느낀다.

첫 번째는 신변에 위협을 느낄 때다. 예를 들어 혼자서 으슥한 밤길을 걸을 때, 사나운 개 옆을 지나갈 때, 숲속에서 뱀을 봤을 때 우리는 두려움을 느낀다. 밤길을 걷다 위험한 일이 생길까 봐, 사나운 개가 내게 덤벼들까 봐, 뱀에 물려 목숨을 잃을까 봐 걱정되기 때문이다.

두 번째는 면접이나 프레젠테이션 등 누군가에게 평가를 받아야 하는 자리에 설 때다. 모든 사람은 인정받기를 원한다. 또한 이성을 포함해서 모두에게 멋져 보이기를 원한다. 그러다 보니 잘하려는 마음이 부담감으로 작용하고, 부담감이 두려움으로 작용하는 것이다. 요약컨대 사람들에게 인정받아야 하는데 실수하거나 잘하지 못할까 봐 걱정돼 두려움을 느끼는 것이다. 그래서 말이 꼬인다거나, 할 말이 생각나지 않아 횡설수설한다거나, 목소리가 떨린다. 게다가 이러한 실수를 하면 곧 자기 비하에 빠져버린다.

아인슈타인은 "실수를 하지 않는 사람은 새로운 것을 아무것도 시도하지 않은 사람이다"라고 말했다. 실수에 지나치게 몰두할 필요는 없다. 두려움을 자주 겪는 사람들의 특징은 남을 지나치게 배려하고 의식하는 것이다. 예컨대 '내가 바쁜 사람들의 시간을 뺏은 건 아닐까?' 하고 걱정하는 등 남을 지나치게 의식한다.

두려움의 메커니즘

"지피지기(知彼知己)면 백전백승(百戰百勝)"이라 했다. 적의 실체, 즉 두려움이 어떻게 생겨나는지 작동 원리를 알면 두려움이라는 적을 이기기가 훨씬 수월해진다.

갑자기 눈앞에 무언가가 날아온다고 생각해보자. 자신도 모르게 움찔하지 않겠는가? 몸의 방어기제로 충격을 최소화하기 위해 자연적으로 몸이 경직되는 것이다. 공포와 대면했을 때도 우리 몸은 뻣뻣하게 경직된다.

몸이 경직되면 모세혈관(동맥과 정맥 사이를 연결하며 주변 조직과 산소, 영양분 및 물질 교환을 담당하는 혈관)이 근육에 의해서 수축한다. 모세혈관이 수축하면 혈압이 상승한다. 혈압이 상승하면 심장에 압력이 증가해 심장이 빨리 뛴다. 이때 체온이 상승한다. 체온이 상승하면 몸의 방어기제가 작동해 평형상태를 유지하기 위해 모세혈관을 확장시켜 열기를 배출해 체온을 낮춘다. 이것이 안면 홍조와 땀 등이다.

그래서 두려움을 느끼면 얼굴이 빨개지고, 심장이 쿵쾅거리면서 빨리 뛰고, 손발에 땀이 나기 시작한다. 공포로부터 도망갈 준비를 하는 것이다. 이와 같은 일련의 반응은 지극히 정상적인 것인데, 이를 공포 상태라고 인식하게 되면 문제가 생긴다. 공포라고 인식하는 순간 뇌에서 불안을 담당하는 영역인 청반핵에 비상 사이렌이 울리고, 그러면 몸이 더 크게 반응하게 된다. 오감(시각, 청각, 후각, 미각, 촉각)을 통해 뇌에 전달되어 한마디로 우리 몸은 비상사태가 된다.

여기까지도 그나마 괜찮은데 문제는 알파(α)다. 이때 우리는 엄청난 상상력의 나래를 펼쳐낸다. 과거의 실패한 경험이 스쳐 지나가고 '주변 사람들로부터 칭찬, 존경, 존대 대신에 비난, 멸시 같은 평가를 받으면 어쩌나' 하는 두려움이 생긴다. 다른 사람들보다도 잘해야 된다는 부담감이 σ가 되어 우리를 패닉 상태로 몰아가는 것이다.

두려움은 제어할 수 있다

두려움이라는 적의 실체를 파악했으니 이제 백전백승할 수 있는 방법을 찾을 수 있다. 다음 네 개의 화살표 중에 하나만 제어해도 두려움은 허물어진다.

- 첫 번째 화살표: 우리는 사회라는 울타리에서 살고 있다. 산 속에서 살지 않는 이상 이 울타리를 깰 수 없다.
- 두 번째 화살표: 의식 전환을 하는 것이다. 예를 들어 공포영화에 등장하는 처키를 그냥 인형이라고 생각하면 된다. 뱀은 독도 이빨도 없는 장난감 뱀이라고 생각하자. 프레젠테이션도 그냥 일상적인 대화를 나누는 것이라고 생각하면 된다.
- 세 번째 화살표: 공포에 직면하면 몸이 경직된다. 이때 몸풀기를 하면 도움이 된다. 몸풀기는 경직 시간을 늦춰준다. 시

간을 약간 지연시키면 두려움에 적응하게 되어 안정적인 상태에 접어들 수 있다. 우리가 공포영화를 볼 때 처음에는 많이 놀라지만 나중에는 무서운 장면이 나와도 별로 긴장하지 않고 볼 수 있는 것과 마찬가지다. 가수들이 하는 리허설도 마찬가지다. 미리 무대에 서봄으로써 두려움에 적응하며 자신감을 갖게 된다.

- 네 번째 화살표: 귀신을 보고 놀라지 않을 사람이 어디 있겠는가? 또한 프레젠테이션은 잘할 때도 있고 못할 때도 있는 게 당연하다. 유명한 골프 천재 타이거 우즈(Tiger Woods) 선수가 대회에 나갈 때마다 매번 우승했을까? 아니다. 잘할 때도 있었고 못할 때도 있었다. 조금씩 발전해나가는 자신의 모습을 그리는 것이 가장 중요하다. 만약 땀이 나고 두근거린다면 이런 몸의 반응을 정상 반응으로 인식하려고 노력해야 한다. 심호흡을 하는 것만으로도 두려움이 줄어들 것이다. 우리 몸은 두려움을 느끼면 얕은 호흡을 한다. 심호흡과 단전호흡을 하면서 몸을 이완시켜주면 목소리가 떨리지 않아 약간의 자신감이 생긴다. 코로 5초 들이마시고 입으로 10초 내쉬는 1:2 호흡을 통해 긴장을 완화한다. 들이마실 때는 교감신경, 내뱉을 때는 부교감신경이 활성화된다. 교감신경은 몸을 긴장시키며, 반면에 부교감신경은 몸을 이완시킨다.

| 두려움 메커니즘 |

지금까지 두려움이 무엇인지, 왜 일어나는지에 대한 메커니즘을 살펴보았다. 이제부터 두려움을 자신감으로 바꾸는 방법을 하나씩 살펴보겠다.

2장

나를 당당하게 만드는 자신감

조물주는 1인
'1초 능력'을 주셨다

음치, 박치, 몸치, 길치, 기계치인 나는 '치' 백화점

하늘의 뜻을 안다는 지천명(知天命)이 넘어가는 나이임에도 자랑할 만한 재능이 없다는 사실에 나는 하늘을 많이 원망했던 것 같다. 어느 배우에게는 조각 같은 미모를 주셨고, 어느 가수에게는 작사·작곡 능력과 예술적 재능을 주셨다.

하지만 나는 지금까지 잘하는 게 하나도 없다. 음치, 박치, 몸치, 길치, 기계치 등 치라는 치는 다 가지고 있다. 네비게이션이 없으면 먼 길을 갈 수 없고, 수십 번을 다녀온 길도 좌·우측에서 보면 다른 새로운 풍경으로 다가오며, 아침과 저녁 풍경이 전혀 새롭다.

대학교 그룹사운드 동아리에서 드럼을 쳤을 때도 박자가 오락

가락했다. 심지어 멤버들이 "헤비메탈로 시작해서 발라드로 끝난다"고 장르를 넘나드는 뮤지션이라고 했다. 나이를 먹어 가정을 이루고도 형광등 하나 제대로 갈아본 적도 없다. 답답한 아내는 아예 시킬 생각도 안 하고 아파트 경비아저씨에게 도움을 요청한다. 그런다고 일을 잘하는 것도 아니다. 해마다 산소에 벌초하러 갈 때면 사촌 형들은 내 동생은 불러도 나는 1도 도움이 안 되기에 아예 부르지도 않는다.

최근에는 오랫동안 알던 분 이름도 생각나지 않아 한참 동안을 생각한 적도 많다. 그뿐 아니라 헬스장에 1년 넘게 다녔는데 그곳의 트레이너 한 분을 다른 곳에서 보고 전혀 다른 사람으로 알고 실수를 했다. 인터넷에 검색해보니 전문용어로 안면인식장애였다. '조물주가 나를 만들 때 나는 버리는 카드였나?' 하는 생각도 들었다.

현재의 모습으로 과거와 미래를 짐작하다

우리가 학교에서 배운 내용은 "직업에는 귀천이 없고, 어느 직업이든 사회에 이바지하며, 누구나 사회에 없어선 안 되는 중요한 구성원이다"라는 것이다. 나는 이 말에 토를 달고 싶지는 않다. 하지만 어느 직업이든 그 분야에서 프로도 있고 아마추어도 있다.

프로는 투철한 직업정신으로 자신의 능력을 발휘하고 정당한 대가를 요구하지만, 아마추어는 자기의 능력은 생각하지도 않고 과도한 대가만 요구한다.

최근에 사업상 기술자가 필요하여 친구에게 소개받아 일을 시키려 하는데, 일을 시작하기도 전에 "얼마 줄 건가요?" 하고 대뜸 물어보는 것이었다. 많이는 못 줘도 남들 주는 만큼은 준다고 하고 일을 시켰는데 거의 미숙련자인 나보다도 더 기술이 숙련되어 있지 않았고 오히려 현장에 피해만 입히는 것이었다. '피해 보상은커녕 빨리 보내는 게 낫다'는 판단에 비용을 지불하고 감사하다고 말하고 보냈다.

일하는 날보다 쉬는 날이 많기에 '경기가 좋지 않아서 그런가 보다'라고 생각했었다. 말을 그럴싸하게 하기에 '상황이 좋지 못해 일이 안 풀리나 보다'라고 생각했지만 결국은 기술이 숙련되지 못해 일을 많이 쉰 것이었다.

이 일을 겪고 '내가 세상을 더 살아야겠구나' 하고 생각했다. 상대의 현재 상태를 감정적으로 이해하고 도와주려다 내 일을 그르칠 뻔한 것이다. 사업에서는 냉철하고 이성적인 판단이 필요하다는 것을 새삼 느꼈고, 사람의 현재 위치와 상태가 그 사람을 대변한다는 것을 깨달았다.

미운 오리 새끼는 자신이 백조인 것을 모른다

요즘 들어 절실히 느끼는 게 있다. 나는 사업을 하면서 무수히 많은 사람을 만났다. 성공한 사람, 실패한 사람, 실의에 빠진 사람, 게으른 사람, 거짓말하는 사람, 행복한 사람, 불행한 사람, 좋은 사람, 나쁜 사람, 아픈 사람 등 여러 사람을 만나면서 확고하게 말할 수 있는 점은 지금의 그 사람의 위치나 상태는 그 사람의 삶의 궤적에서 오는 결과물이라는 것이다.

물론 불가항력적인 사고나 예기치 않은 불행도 있을 수 있지만, 그 사람의 삶의 태도에 의해서 얼마든지 긍정의 방향으로 바뀌어 훌륭한 결과물을 생성해낸다. 우리 주변에도 역경을 딛고 일어선 사람들은 얼마든지 있다. 현재 상황에 비관만 하는 사람의 미래는 자명하다. 내가 그러했다. 항상 만족하지 못했기에 마음도 풍요롭지 못하고 빈자리가 있었다.

하지만 '치' 백화점인 내가 미숙련 기술자를 보면서 조금 느낀 게 있다. 그분과 나는 분명 차이가 있다. 나는 의식주를 걱정하지 않지만, 그분은 의식주를 걱정한다. 나는 '치' 백화점이지만 삶에 충실하기 위해 노력한다. 요령이나 잔꾀를 부리지 않는다. 하지만 그분은 핑계와 변명이 주를 이뤘다.

처음에는 그분의 말에 동의했지만 나중에는 자기 합리화라는 생각만 들었다. 나는 맞고 그분은 틀렸다는 게 아니다. 그저 그분과 비교하면서 나를 반추할 수 있었다.

나는 스스로 조물주가 나를 버리는 카드로 만들었다고까지 생각했지만, 조물주는 나에게 '성실'이라는 초능력을 줬다는 것을 알게 됐다. 돌이켜보면 나는 잘하는 일이 그다지 없었기에 머리가 좋지 않다고 생각했다. 손기술도 없으며, 재주도 없다고 판단했다.

다만 삶과 일에 임하는 태도는 스스로 생각해도 성실했다. 평소 '비교'라는 단어를 좋아하지 않지만 나의 초능력을 찾는 데 중요한 도구가 됐다. 중요한 수수께끼를 풀었기에 미운 오리 새끼가 자신이 백조인 것을 알게 된 것 같은 기분이다. 여기서 분명한 사실은 조물주는 누구에게나 초능력을 하나씩 주었다는 점이다. 그 사실을 누군가는 알고 있고 누군가는 모르고 있을 뿐이다.

행운을 불러오는
노력의 힘을 믿어라

저절로 이루어지는 성과는 없다

어부는 투망을 던져야 비로소 고기를 잡을 수 있다. 그리고 이를 위해서는 미리 투망과 배를 준비하고 선원을 구해야 한다. 건축도 이와 마찬가지다. 하나의 건축물이 완성되기까지 수많은 사람의 손을 거쳐야 한다. 건축 현장에 떠도는 이야기 중 "하나의 건축물이 완성되려면 건축물의 크기만큼 밥을 지어야 한다"라는 표현이 있다. 얼마나 많은 사람의 손이 모여야 하나의 건축물이 완성되는지 짐작할 수 있을 것이다.

건축설계, 착공, 시공, 준공, 유지보수 등으로 간략히 말할 수도 있겠지만, 건축설계만 해도 건축주와의 수많은 회의 끝에 계획설계가 완성되면 현장 여건을 감안한 토목설계, 지질조사, 구조설계, 전기설계, 통신설계, 방재설계, 범죄예방, 기계설계, 소방설계, 에너지 절약설계 등을 거치며, 수많은 전문가와의 협의를 통해 실시설계가 최종적으로 정해진다.

이러한 과정을 완벽히 수행해야 비로소 원하는 건축물의 기반이 완성된다. 여기서 끝이 아니다. 착공 후 건축시공이라는 과정도 거쳐야 한다. 건축시공은 하늘도 도와줘야 좋은 결과물이 나온다. 콘크리트를 타설하고 날씨가 추워지면 콘크리트 강도가 저하되어 내구성이 떨어지기 때문이다. 이처럼 건축물 하나가 완성되기까지 수많은 사람들의 노력이 필요하다.

기회는 준비된 사람만의 선물이다

"나보다 더 땀을 흘린 이가 있다면 금메달을 가져가도 좋다." 런던올림픽을 준비하던 레슬링의 김현우 선수가 한 말이다. 나는 이보다 당당하고 멋진 말을 들은 적이 없다. 물론 이 말을 하고 나서 김현우 선수는 런던올림픽에서 금메달을 땄다. 기회는 준비된 사람만의 선물이기 때문이다.

설령 금메달을 따지 못했어도 아쉬움이나 미련은 없었을 것 같다. 말 그대로 결과는 과정의 산물이다. 과정에서 스스로 만족했다면 결과는 무관하다. 결과는 과정을 따라오는 것이며 과정이 이미 자신을 만족시켰기 때문이다. 건축 현장도 이와 같다. 철저하게 건축설계를 하고 준비한 뒤 완벽한 건축시공을 해야 좋은 건축물을 완성할 수 있게 된다.

1점을 더 받기 위하여

내 인생에서 가장 노력했던 시기는 건축사자격시험을 준비했던 시기였다. 너무나 절실했기에 합격을 위해 내가 할 수 있는 것은 다 했던 것 같다. 당시 건축사자격시험은 제도판 위에서 A3 시험지로 치러졌다. A3 시험지 한 장이 한 문제였는데, 푸는 데 1시간에서 3시간 정도의 시간이 걸린다. 이 시험을 준비하기 위해 연습 문제를 많이 풀었는데, 나중에 내가 연습한 A3 용지를 쌓아보니 내 키를 훌쩍 넘겼다. 여러 학원에서 나온 예상 문제를 모두 구해서 풀어본 노력의 결과였다.

시험은 어느 고등학교에서 봤는데 학교 책상에 제도판이 꽉 차서 여간 불편한 것이 아니었다. 그래서 학교 책상에 익숙해지기 위해서 은사님이 교장 선생님으로 계시는 중학교에 찾아가서 "못 쓰는 책상 하나 주실 수 있나요?" 하고 부탁했더니 창고에서 폐기된 책상을 주셨다. 그 책상에 앉아 시험공부를 하면서 내 몸을 1년간

숙달시켰다.

시험 장소는 집에서 한 시간 반 정도 걸리는 전라도 광주였는데 컨디션 조절을 위해서 광주의 시험장 근처 모텔에서 잠을 잤다. 잠자리가 바뀌어 잠을 못 자면 시험에 영향을 줄 것 같아 일주일 전에 모텔 방을 미리 예약했다. 또한 익숙해지기 위하여 하루 종일 모텔 방에서 문제를 풀고 저녁에는 잠을 자고 왔다. 하루는 저녁에 집에 와서 샤워하고 나왔는데 아내가 나를 보며 깜짝 놀랐다. 어깨에 깊은 자국이 생겨 상처처럼 되어 있었기 때문이다. 그 자국은 행여 제도판이 고장 나면 시험을 망칠까 봐 무거운 제도판을 한 개 더 들고 다닌 결과였다.

주변 사람들도 "절대 고장 안 나. 걱정도 팔자구나"라고 나를 놀렸다. 실제로 주변에 두 개 들고 다니는 사람을 본 적도 없었다. 하지만 나는 만에 하나라도 대비를 하고 싶었다. 그런데 놀랍게도 실제로 나랑 같이 시험공부를 한 분 중에 제도판이 망가져 시험을 망쳐버린 분이 생겼다.

이외에도 시험을 온종일 치르기에 점심시간이 따로 있었는데, 대부분 김밥을 먹었다. 나는 김밥이 잘 소화되지 않는 것 같아 시험 한 달 전부터 점심으로 김밥을 먹고 위장을 단련시켰다. 이런 모든 것이 절박한 심정에서 내가 할 수 있는 최선의 노력이었다. 1점을 더 받기 위한 처절한 몸부림이었다.

성실한 노력은 나의 신용보증서다

나는 고등학교 3학년 시기에도 건축사자격시험 때처럼 열심히 공부하지는 않았다. 가족이라는 절실함이 나를 채찍질한 결과였다. 이때의 노력이 사회에 나와서까지 이어지다 보니, 이 업계에서는 나름의 신뢰와 믿음을 쌓은 편이다. 내 말이라면 '묻지도 따지지도 않고' 절대적으로 신뢰를 보내주는 분들이 많다. 이러한 신뢰가 나를 증명하는 시간을 단축해주고 나를 발전시켜주었다. 가슴으로 피와 땀으로 이룬 성과는 절대 무너지지 않는다는 진리를 깨달았다. 그리고 노력은 행운을 부른다는 것을 알았다.

건축사자격시험에 합격해 사업을 시작했는데 사회 인맥도 적고 경험도 적다 보니 용역을 수주하기가 쉽지만은 않았다. 그러나 나는 노력의 힘을 믿기에 사업도 부지런히 노력하며 운영했다. 입찰도 한 건이라도 더 투찰했고 주변 사람들도 부지런히 쫓아다녔다. 그러한 노력이 성과로 나타났고 행운도 함께했다.

종교인들에게 비난받을 행동일지도 모르지만 설계 수주를 위해 주중에는 절에 나갔고 주말에는 교회에 나갔다. 그렇게 해서 교회 설계도 했고 사찰도 설계할 기회를 얻을 수 있었다. 누군가는 양다리라고 색안경 끼고 볼지도 모르지만, 나에게는 설계를 위한 과정이었고 사용자의 동선과 기능 파악을 위한 과정이었다.

우리나라에 요양원이 한참 유행처럼 지어질 무렵 요양원을 설계한 적이 있는데, 전국에서 36개 사무실이 입찰하여 그중에 낙찰된 경우도 있다. 또 한 번은 영광원자력발전소 부속 건물 설계 입찰에서 입찰 금액이 2개 사무소가 같아 제비뽑기로 정했는데 선정된 경우도 있다. 20년이 가까워지는 지금까지 노력의 힘을 믿었기에 이처럼 많은 행운을 경험할 수 있었다.

나를
리셋하자

새로운 계획은 새로운 에너지가 필요하다

우리는 매년 새해가 되면 계획을 세운다. 그 계획에는 새로운 계획도 있는 반면에 매년 반복되는 것도 있을 것이다. 매년 반복된다는 것은 매번 계획이 실패하여 목표 달성을 하지 못했다는 것을 의미한다. 이제는 달라져야 한다. 수동적인 희망사항을 목표로 세우지 말고 구체적인 목표와 새로운 계획을 세워보자.

이를 위해서는 에너지가 필요하다. 지금까지의 에너지로는 구태(舊態)의 중력을 벗어날 수 없다. 늦잠의 달콤함, 내일로 미루는 습관, 야식의 치명적 유혹 등 나를 잡고 있는 모든 것에서 자유로워져야 한다.

우주선이 지구를 떠나기 위해서는 지구 중력을 이겨낼 에너지가 필요하듯이 지금까지의 에너지로는 새로운 계획을 완수해내기에는 역부족이기에 모두 리셋(reset)해야 한다. 나를 한계 지었던 생각, 내 몸의 한계를 지우고 무한한 가능성의 생각과 몸을 만들어야 한다.

솔개도 목표를 위해 자신을 리셋한다

날갯짓이 멋진 새 '솔개'는 보통 70~80년을 사는데, 40년 정도 살면 선택의 기로에 서게 된다. 부리가 구부러져 날카롭지 못하고, 깃털도 두꺼워지면서 몸이 무거워져 날갯짓도 버거워지고, 발톱도 노화되어 사냥하기에 어려움이 따르게 된다.

그 상황에서 죽든지 갱생의 길을 가든지 선택해야 하는 기로에 놓이는데 갱생의 길은 죽음만큼의 고통이 수반된다. 산의 정상 부근에서 둥지를 틀고 바위에 부리를 깨서 새로운 부리가 자랄 때까지 인고의 시간을 보내야 한다.

새로운 부리가 나면 새 부리로 발톱도 뽑아내고 무거워진 깃털도 뽑아내서 또다시 새 발톱과 깃털이 자라기를 기다리는 인고의 시간을 견뎌야 한다. 그 과정에서 얼마나 큰 고통이 따를까? 그러고 나서야 비로소 새로운 부리와 발톱, 깃털을 가지고 새로운 40년의 수명을 더 누리게 된다.

전환점을 만들어야 한다

무언가를 계기로 생각과 의식이 바뀌는 것을 경험한 적이 있거나 아니면 누군가의 그런 모습을 옆에서 지켜본 적이 있을 것이다. 예컨대 술 좋아하는 사람이 술로 인해 구급차로 병원에 실려 가서 홍역을 치른 후에 금주를 시도하는 것을 봤을 수도 있다. 또는 어떤 마음의 계기가 생겨 다이어트를 하기로 마음먹고 간헐적 단식을 하며 일주일에 하루를 단식하는 사람도 있을 것이다. 이런 일들은 자의든 타의든 전환점이 된다.

술의 폐해를 아무리 말해줘도 들리지 않던 사람이 술로 인해 아파본 후에 술을 끊고, 비만의 굴레에서 벗어나지 못하던 사람이 마음의 계기가 생겨 간헐적 단식까지 하듯이 말이다. 우리도 새로운 목표를 위해서는 전환점이 반드시 필요하다. 그 전환점이 이전의 나와 결별하게 하고, 무한한 가능성이 있는 새로운 나를 만들어내는 것이다. 밤의 칠흙 같은 어두움이 있기에 내일이 더 아름다운 것처럼 말이다.

나는 저녁형 인간인 줄 알았다

나는 늘 아침에 일어나는 게 싫었고 아침잠이 많아 저녁형 인간인 줄 알았다. 아니, 그렇게 나를 위로하며 살았다. 그러던 중 부모님이 새벽에 수영장을 가시는데 버스 타고 다니시기에 차로 태워드리겠다고 했다. 본의 아니게 나도 새벽에 수영장 티켓을 끊고 같이 수영을 시작했다.

처음에는 추운 겨울에 물속에 몸을 넣는 것이 엄청난 고통이었다. 물론 온수도 있었지만 물에 적응하기까지는 시간이 걸렸다. 그래도 뱉은 말이 있어 새벽에 일어나서 같이 다녔다. 그렇게 몇 달 다니니 몸이 익숙해졌다. 나는 우리나라 사람들이 그렇게 부지런한지 처음 알았다. 새벽에도 수많은 사람이 수영장을 다녔고, 부모님과 갔던 새벽시장도 말 그대로 인산인해였다.

또한 새벽 도로에 차가 더 많이 다닌다는 것도 알았다. 스스로 저녁형 인간이라고 단정하고 살았더라면 접해보지 못할 경험이었다. 또 새벽에 움직이니 하루가 1.5배로 늘어난 느낌이었다. 새벽에 식사하고 수영하고 샤워를 하니 오전에 여유가 생겼고 수영장을 다녀오면 하루를 열심히 산다는 느낌에 기분도 상쾌했다.

몇 년간 수영을 배우면서 자유형, 배영, 평영, 접영 등 모든 영법을 배웠고 이제는 멋진 입수까지 할 수 있게 됐다. 아침 시간의 여유로움에 수영까지 덤으로 배우게 됐으니 이게 바로 일석이조 아니겠는가?

새로운 목표를 위한 리셋 과정

무언가를 얻기 위해서는 반드시 대가가 필요하다. 인생 경험상 말하건대, 하늘에서 뚝 떨어지는 불로소득은 없다고 단언할 수 있다. 심지어 로또 복권도 불로소득은 아니라고 생각한다. 시간과 돈을 들여 복권을 구매했기 때문이다.

그리고 만약 당첨이 되었다면 그 사람의 과거 선행에 대한 보상이라고 생각한다. 과거의 선행이 없었다면 조상의 선행이 넘쳐 후대에 나타난 거라고 개인적으로 생각한다.

"아니 땐 굴뚝에 연기 날까"라는 속담처럼 결과에는 반드시 원인이 있다. 최상의 결과와 계획의 완성을 위해 최적의 원인을 만들어내야 한다. 오늘의 나로 내일의 새로운 나를 만들기는 쉽지 않다. 내일의 멋진 나를 만들기 위해서는 오늘의 내가 먼저 바뀌어야 한다. 솔개같이 죽을 것 같은 고통의 터널을 지나야 한다. 기존의 나를 완전히 지우고 리셋해야 하는 이유다.

자신감을 좀먹는
분노를 다스리자

물고기를 싼 종이에서는 비린내가 난다

사람과의 교류가 빈번해질수록 많이 부딪힐 수밖에 없다. "손뼉도 마주쳐야 소리가 난다"라는 말도 있듯이 상호 이해관계가 상충할 때 다툼이 일어나는 법이고, 그럴 때마다 자신에 대한 실망이 분노로 이어질 수도 있다. 우리는 성인군자가 아니므로 감정을 조절하기 쉽지 않다.

자신감도 타인과의 상호작용에서 더 증폭되거나 감소하기도 한다. 만나면 기분 좋은 사람이 있고 그렇지 못한 사람이 있듯이 타인에게 좋은 느낌을 줘야만 나의 에너지도 상승한다. 신경질적인 사람이 타인에게 좋은 에너지를 발산하는 경우는 만무하다.

코로나19로 생긴 사회적 거리 두기가 완화되어 동네 헬스장에 등록해 다녔는데 너무 정적이고 지루해서 단지 샤워만 하고 나오기를 반년을 했다. 그러던 중 헬스장 내에 댄스반이 오픈했기에 등록했다. 가르치는 선생님도 다니는 수강생들도 즐겁게 운동하는 것을 보면 참 맑다는 느낌을 받았다.

일전에 어느 책에서 읽은 글귀 중에 "물고기를 싼 종이에서는 비린내가 나고 향을 싼 종이에서는 향기가 난다"는 말이 생각난다. 맑은 사람들과 운동을 하니 군살도 즐겁게 빠지고 나 역시 맑아지는 느낌이었다. 저녁 8시 타임이라 저녁 약속과도 많이 겹쳤지만 좋은 사람들과 즐겁게 운동하는 것이 즐거워 결석하지 않았다.

감정에 의한, 막대한 에너지 소비

몸의 에너지는 한정되어 있다. 한정된 에너지가 분노로 소비되면 긍정의 에너지가 줄어드는 것은 당연하다. 분노로 소비되는 에너지는 몸 전체가 방전될 정도로 영향이 크다.

과학적으로 분석해보자. 흥분하면 '아드레날린'이 분비되어 심장박동이 증가하고, 혈관도 수축하며, 혈압까지 상승한다. 또 기관지가 팽창되어 호흡량이 증가하고, 교감신경의 민감도도 증가한다. 몸의 에너지를 탈탈 털어 사용하는 것이다.

우리가 두려움을 느낄 때와 같은 반응이다. 수능, 국가고시 등 시험이 끝나거나 혹은 결혼, 장례, 겨울 김장을 끝내고 몸살감기에 걸려 앓아눕는 것을 경험했을 것이다. 바짝 긴장하며 온몸의 에너지를 소모했기 때문이다. 분노의 메커니즘도 이와 같다.

쉽지 않지만 필요한 감정 컨트롤

마음의 화는 웃는다고 감춰지는 게 아니다. 아침에 부부싸움을 했다거나 부모님께 한 소리 들었거나 출근길 운전 중에 시비가 붙었거나 등의 다툼이 있고 나서 출근했을 때 동료가 무슨 일 있었냐고 물어본 경험이 다들 있을 것이다. 동료들이 기분을 알아맞히는 이유는 별다른 게 없다. 얼굴에 그대로 표현되기 때문이다.

또한 이미 밝은 미소를 짓거나 밝은 인사말을 할 에너지가 없기에 평소와 다를 수밖에 없다. 나이가 들어감에 따라 생기는 주름처럼 표정은 평상시 우리 일상생활에 그대로 녹아 있다. 그 사람의 평소 삶이 표현되어 나오는 것이다. 얼굴이 잘생기고 말고는 둘째 문제다. 힘든 표정에 인상까지 좋지 못하면 누구도 다가가기 힘들 것이다.

〈웃는 여잔 다 이뻐〉라는 노래도 있으며, 심지어 제사상에 올리는 돼지머리도 웃는 돼지가 잘 팔리지 않던가? 나를 위해 에너지를 좋은 곳에 쓰려면 생활 전체가 긍정으로 변화되어야 한다. 분노는 자신에 대한 방어 본능으로 열등감의 표현이다. 화를 내고 10분쯤 흐르자 아무것도 아닌데 화를 냈다는 사실을 깨닫게 되어 자신을 원망해본 경험이 한 번쯤은 있을 것이다.

만약 내가 주차장에서 시시비비를 가렸더라면

내가 사업을 처음 시작했을 때 있었던 일이다. 동문 선배가 나에게 빌딩 세 개의 설계를 의뢰해주셨다. 선배 직업이 약사인데, 바쁜 나머지 저녁에 선배 집으로 미팅을 하러 간 적이 있다. 늦은 시간이다 보니 주차장을 빙빙 돌아도 주차 자리가 없었는데 때마침 차 한 대가 나가고 있었고, 내가 후진하며 빈 자리로 들어가려는 순간 소형차 한 대가 쑥 들어가 먼저 주차를 해버렸다.

화가 치밀어 올라 내려서 따지고 싶었지만 참았다. 경우가 참 없다고 생각하고 약속 시간에 늦을까 봐 그냥 먼 곳에 주차하고 선배 집으로 향했다. 다른 때 같았으면 한마디 했을 텐데 그날은 프로젝트가 크다 보니 약속이 먼저였다.

선배 집에 가니 선배가 문을 열어줬고 거실에서 대화를 나누고 있는데, 형수님이 과일을 가져다주셨다. 그런데 형수님이 바로 아까 주차장에서 먼저 주차를 한 그 운전자 분이었다. 순간 아찔했다. 만약 다투기라도 했다면 프로젝트가 날아가지 않았을까 생각한다. 누가 본인의 아내와 싸운 사람에게 설계를 의뢰하겠는가? 형수님도 극구 반대했을 것이 아닌가?

결론적으로 나는 설계를 해서 그 수익으로 땅을 사서 사무실을 지었다. 선배님이 준 프로젝트 덕분에 남의 집 월세살이를 조기에 졸업했다. 이 사소한 사건이 내게 감정 컨트롤이 얼마나 다른 결과를 도출해내는지 뼛속까지 새기게 되는 계기가 되었다.

사업을 하면서 느낀 점이 한 가지 있다. 클라이언트들은 너무 똑똑한 사람은 싫어한다는 것이다. 거래자가 너무 똑똑하면 거래 시 손해 볼 것을 일일이 따지고 추측하기 때문에 본인이 제어하기 힘들다고 생각한다. 조금은 빈틈이 있고 정직한 사람을 선호하는 것이다. 따라서 '약간 손해 본다'고 생각하고 사업을 하면 오히려 사업의 기회를 맞이할 수 있다. 나는 단호히 이렇게 말하고 싶다.
"죽고 사는 문제 아니면 웃고 넘어가자. 약간 손해 보고 살자."

릴렉스가 역발상을 불러온다

방송 댄스를 수강한 날은 다르다?

코로나19로 인해 다들 힘든 시기에 뉴스를 보면 더욱 암울하고 흉흉한 소식만 들려오는 것 같다. 몸도 마음도 움츠러든다. 나에게는 2020년 11월이 제일 두려운 한 달이었다. 프로젝트 여러 개를 한 번에 진행하다 보니 말 그대로 좌충우돌이었다. 생각과 계획이 뜻대로 되지 않으니 마음은 급해지고 주변과 계속 마찰이 생겼다. 그러한 긴장이 집에까지 이어지다 보니 아내와도 갈등이 생겼다.

여자들에게는 참으로 놀라운 능력이 있는 것 같다. 우리 아내는 내가 헬스장에 가서 방송 댄스를 하고 샤워를 했는지, 방송 댄스를 안 하고 샤워했는지를 정확히 안다. 어떻게 아냐고 물어보니 샤워만 하고 온 날은 눈빛이나 표정이 뾰쪽뾰쪽 거친 느낌이 나고, 방송 댄스를 한 날은 눈빛과 표정이 둥글둥글하다는 것이다.

나도 방송 댄스를 수강한 날과 하지 않은 날의 차이를 개인적으로 느낀다. 방송 댄스는 몸과 더불어 마음까지 이완시키는 효과가 있다. 음악과 함께해서 그런지 하드웨어뿐 아니라 소프트웨어까지도 매만져주는 느낌이다. 와이프가 내 눈빛과 표정이 둥글둥글하다고 느낀 이유도 이 때문이 아닐까 짐작한다.

꼭 댄스가 아니라도 땀을 흘려 운동한 날과 그러지 않은 날의 차이는 있다. 몸이 긴장된 것을 운동으로 풀어주면 더불어 마음도 이완된다. 이완되면 마음도 상쾌해지고, 주변에 너그러워지며, 한결 여유로워짐을 느낄 수 있다.

지진의 피해를 벗어나게 해준 역발상

2016년 일본 돗토리현에서는 규모 6.6의 강진이 발생해 수확을 앞두고 있던 배가 다 떨어져 6,200만 엔(약 6억 6천만 원)의 재산 피해를 일으켰다. 그로 인해 지역 특산품인 배 농사에서 크게 손해를 보았다. 과수 농가들은 실의에 빠질 법도 한데 여기서 기지를 발휘했다. 강진에 떨어져버린 배 대신 떨어지지 않고 남은 몇 안 되는 배에 주목한 것이다.

이들은 안 떨어진 배를 수확해 그해 시험을 치는 수험생들에게 몇 배 비싸게 팔았다. 비싼 가격의 이유는 이렇게 붙였다. "진도 6.6의 강진에도 절대 떨어지지 않는 행운의 배!"

내 몸이 경직되고 힘들 때는 이러한 역발상을 절대 생각해낼 수 없다. 몸이 유연해야 생각도 유연해지는 법이다. 그래야만 세상을 뒤집어볼 수 있는 여유가 생긴다. 테니스장에 가보면 혼자 연습할 수 있는 벽치기 장소가 있다. 내가 세게 공을 치면 그대로 내게 세게 온다. 내가 부드럽게 공을 치면 부드럽게 온다.

세상사도 마찬가지다. 내가 경직되어 있으면 내게 오는 주변 사람들의 반응을 아주 격하게 돌려보내 인간관계가 힘들어질 수 있다. 내가 유연해지면 강하게 오는 반응도 부드럽게 보내 인간관계를 즐겁게 할 수 있다.

역발상을 가져오는 릴렉스

내게 찾아온 첫 번째 위기는 1997년의 IMF 외환위기 상황이었다. 그때 나 역시도 실직을 했고 여러 가지 상황이 좋지 못했다. 하지만 술을 먹고 푸념을 한들 달라질 게 없었다. 그때 나 자신의 역량 강화에 힘을 써서 몸값을 올려야 한다고 생각했다. 그냥 하루하루 경제가 나아지기를 바라며 황금의 시간을 소비하기에는 너무

아쉽다는 생각을 어린 나이에도 했었다. 그래서 석사논문을 어렵게 써서 대학원을 졸업할 수 있었다.

그때 같이 수학했던 동기들은 상황이 어려워 논문을 쓰지 못했고, 다니던 대학교 건축과에 석사과정이 처음 생겼기에 1호 석사가 되었다. 그때 논문을 패스하고 석사를 취득했을 때의 성취감과 자신감은 지금까지도 간직하고 있고, 어려운 상황 속에서 이루어낸 결과물이었기에 나 자신의 기쁨도 이루 말할 수 없었다.

두 번째 위기는 2008 금융위기였다. 리먼 브라더스 사태로 경제는 더욱 어려워졌고, 1929년 대공황에 버금가는 충격을 주었다. 나는 이미 IMF 경험이 있었기에 쉬어간다 생각하며 충전의 기회로 삼고 대학원 박사 과정을 수료했다.

세 번째 위기는 코로나19로 전 세계가 거리두기를 하는 상황이다. 경제도 어려워졌으며 자영업자들의 타격이 과거 그 어느 때보다도 크다. 하지만 나는 IMF와 금융위기를 이미 겪었기에 티끌만큼도 걱정하지 않는다. 오히려 기회라고 생각하고 버킷 리스트인 책도 집필하고 있고, 로망인 전원주택도 짓고 있다. 남들이 생각하기에 '그간 벌어놓은 게 있어서 마음 편히 산다'라고 생각할 수도 있지만 순전히 빚이다.

지금 내가 시간적 여유가 있을 때 책도 쓰고 집을 짓는 것은 나 자신을 다독여 한 걸음 더 도약하기 위해 나를 압축하고 있는 것이다. '코로나19 상황에서 아파트 같은 밀집 시설보다는 전원의 집을 짓고 텃밭을 가꾸며 사는 단독주택이 대세'라는 생각도 일조한다. 전원주택의 시공 노하우를 경험하여 새로운 사업 아이템이 될 수도 있기에 말이다.

나는 후배들에게 자주 이런 말을 했던 것 같다. 건축사라고 해서 꼭 건축설계로만 사업 영역을 한정하지 않았으면 좋겠다고 말이다. 사업 영역을 다변화시켜 건축 발전에 이바지하고 건축 시장을 선도해 나갔으면 하는 생각에 말이다.

물론 이러한 생각은 쉽게 실행에 옮길 수 없다는 것을 안다. 하지만 역발상을 가져오는 릴렉스의 힘을 신뢰한다. 문제에 직면했을 때 문제에서 벗어나서 객관적으로 문제를 바라보는 시각을 갖는 것은 항상 몸과 마음을 유연하게 했을 때 가능하다는 것을 알았으면 한다.

릴렉스는 상상 이상의 성과를 가져온다

바쁘고 힘들어도 몸을 이완시키는 시간을 가져야 한다. "아무리 급해도 바늘허리에 실을 꿰어 쓸 수는 없다"는 말이 이와 상통하는 듯하다. 몸을 이완시키면 마음도 이완되고 주변에서 충격이 와도 별 탈 없이 건재할 수 있다. 또한 폭풍의 피해 속에서 몇 배의 수익을 내듯이 창의적 생각을 도출해낼 수도 있다.

몸과 마음의 이완은 차 한 잔의 여유 속에서도 만끽할 수 있으며, 이동 중 차 속에서 음악에 맞춰 따라 부르거나 몸을 흔들어줘도 된다. 요가도 좋고 명상도 좋다. 몸과 마음의 이완이 큰 성과를 가져다줄 것으로 나는 믿어 의심치 않는다.

앞에서도 말했듯이 운동을 한 날과 하지 않은 날, 즉 몸을 이완한 날과 하지 않은 날은 본인도 느끼지만 주변에서도 감지한다. 우리 아내가 감지하듯이 말이다. 아내와 25년 넘게 살면서 매번 나에게 맞추기를 바랐고 '아내가 바뀌어야 한다'고 생각했다. 25년 동안 단 한 번도 '내가 잘못했다', '내가 바뀌어야 한다'는 생각을 못했다.

나는 가장이고 가정을 책임져야 하기에 나를 따라주고 나에게 힘을 주기만을 바랐던 것 같다. 참으로 많이도 다투었다. 근래 몇 년 사이에 생활도 안정되고 운동도 하면서 '내가 틀릴 수 있다'는 생각과 '나를 바꾸면 된다'는 인식이 들었고, 요즘은 아내와 인생에서 최고로 잘 지내고 있다.

같이 있고 싶은 사람이 되자

자신감은 복잡한 화학반응으로 완성된다

흔히들 건축을 종합예술이라고 말한다. 그만큼 많은 공정과 단계가 필요하고 한 사람이 아닌 수백 명의 사람이 투입되어 완성되기 때문이다. 나는 자신감도 종합예술의 성향을 띠고 있다고 생각한다. 강사가 강연할 때 박수를 받는다면 최고의 강의라는 찬사이자 보람을 느끼게 되는 순간일 것이다.

하지만 이때 박수라는 반응을 이끌어내는 것은 순전히 강사의 몫이다. 청중의 박수는 강의의 최고 하이라이트이며 최고 강사의 필요조건이다. 자신감의 이치도 이와 같다. 스스로 당당하게 외친다고 완성되는 문제가 아니다. 주변의 반응을 이끌어내고 주변과 어우러졌을 때 최상의 성과와 빛을 내며 비로소 완성될 수 있다.

배려하면 성공한다

예능 프로그램을 시청하다 보면 구성원들 간의 '케미'가 좋다는 식의 평가를 하는 것을 볼 수 있다. 여기서 케미는 '화학작용(chemistry)'에서 유래된 말로 상호 간에 '호흡이 좋다', '궁합이 좋다', '죽이 잘 맞는다'와 일맥상통한다.

시청자 입장에서도 특정인 사이에서 서로 주고받는 대사와 표정, 행동에서 박장대소를 이끌어내는 커플이나 출연자들을 종종 볼 수 있다. 이런 케미를 연출하기 위해서는 출연자 개인의 역량이 매우 중요한데, 내가 생각하는 최고의 역량을 갖춘 대표적인 연예인이 개그맨 이수근이다. 그는 누구와 프로그램을 해도 상대를 잘 맞춰주며 오히려 상대를 편안하게 하고 돋보이게 해준다. 당대 최고 MC들이 그와 같이 프로그램을 하고 싶어 하는 것이 시청자 입장에서 보일 정도다.

그를 보면 노래, 춤 등 못하는 게 없다. 상황에 맞는 멘트와 표정은 말할 것도 없다. 이 같은 능력은 하루아침에 이루어지지 않았다. 어려서는 편부 밑에서 유복하지 않은 성장 과정을 거쳤다고 한다. 개그맨 시험을 여덟 번 낙방했고, 결국 개그맨 시험을 포기하고 레크리에이션 강사를 했다고 한다.

본인은 웃을 상황이 아닌데 남을 웃기기 위한 시험에 반복해 도전했다니 아이러니하기도 하다. 하지만 이런 일련의 실패와 도전의 과정이 지금의 그를 만드는 토대가 되었을 것이라고 나는 확신한다. 그도 연예계에서 살아남기 위해 다른 연예인보다 더 돋보이고 자신의 능력을 극대화하는 데 공을 들였을 것이다. 이 기간이 10년간의 무명 시절이 아니었을까?

자신의 능력을 믿고 야심차게 문을 두드렸는데도 매번 탈락의 고배를 마셨던 과정에서 아마도 그는 '자신만 잘해서는 성공하지 못한다'는 원리를 깨닫지 않았을까? '상대방을 배려하고 상대방을 치켜세웠을 때 자신이 더 높아진다'는 진리를 아는 순간, 지금처럼 롱런하는 개그맨의 삶이 시작되었으리라고 생각한다.

존중받으려면 먼저 상대방을 존중하라

사람들은 개인의 행복을 중시한다. 워라밸(일과 삶의 밸런스), 소확행(소소하지만 확실한 행복), 힐링, 맛집 탐방, 여행, 캠핑 등 자신의 행복을 최고의 가치에 두고 자신의 라이프스타일을 즐기고 살아가며 또 존중받기를 원한다. 우리 아버지 세대처럼 가족을 위해 자신의 삶을 송두리째 희생하는 시절과는 확연히 다르다.

하지만 자신의 행복을 추구한다고 해서 타인의 행복을 간과해서는 안 된다. 타인이 행복해야 나의 행복도 최상으로 누릴 수 있음을 알기 때문이다. 상대방을 즐겁고 행복하게 하려는 노력은 나 스스로 존중받고 행복하기 위한 최소한의 필수 요소라는 사실을 잊지 말아야 한다.

나의 관점이 아닌 상대방의 관점으로

우리 집에는 10년 이상 동고동락한 '뽄드'라는 이름의 강아지가 있다. 우리 큰딸이 초등학생이었을 때부터 같이 생활하여 지금 대학생이 되었으니 어쩌면 우리 집과 역사를 같이한 강아지다. 나는 어려서부터 동물들을 좋아하여 큰 불편함은 모르고 지냈다. 나는 뽄드를 예뻐하고 가족이라고 생각한다. 가끔 반려견이 사라져서 전단지를 뿌리는 사람을 보게 되는데, 그때마다 나는 더욱 감정 이입하게 되어 마음이 아프다.

하지만 내 생각과 강아지의 생각이 다르다는 것을 많이 느낀다. 왜냐하면 아내와 큰딸과 있을 때의 뽄드 표정과 행동이 나와 있을 때와는 확연히 다르기 때문이다. 나와 있을 때는 내가 예뻐해도 무언가 어색하고 불편해한다. 반면 아내와 큰딸이 있을 때는 꼬리도 세차게 흔들고 표정도 행복해 보인다.

나는 처음에는 너무 당황스러웠다. '누구 때문에 추운 겨울 따뜻하게 지내고 맛있는 걸 먹는지 모른단 말인가?' 그래서 딸아이에게 물어보았다, 강아지가 왜 나만 어색해하고 불편해하는지 말이다. 딸아이가 말하길 아빠는 간식 한 번 줘본 일 없고, 대소변을 치워본 일도 없고, 침대 위에도 못 올라오게 하니 강아지가 느끼기에 자신을 예뻐하지 않는다고 판단한다는 것이다. 그 말을 들으니 '그럴 수 있겠다'라고 생각했다.

나는 강아지가 여러 음식을 먹으면 탈도 나고 변 냄새도 심해진다고 생각해 간식을 잘 주지 않았고, 침대는 나의 영역이니 올라오지 못하게 했다. 하지만 이것은 나의 일방적인 생각이지 강아지를 전혀 배려하지 않은 처사인 것이다. 그냥 만나면 예뻐해주고 쓰다듬어주면 나의 사랑이 전달됐을 거라는 생각은 큰 착각이었던 것이다. 강아지에게 큰 것을 배웠다. 즐거움과 행복의 관점은 나의 관점이 아닌 상대방의 관점이어야 하며, 상대방을 배려해야 한다는 것을 말이다.

멘토를 찾고 스스로 멘토가 되자

우리에겐 삶의 응원단이 필요하다

만일 누가 내게 가족을 제외하고 세상을 사는 데 꼭 필요한 존재가 누구냐고 묻는다면 나는 주저하지 않고 '멘토'라고 답할 것이다. 자녀에게나 후배들에게도 나는 삶의 멘토를 꼭 한 명 정해놓으라고 당부한다.

멘토는 나의 고민과 현재 상황을 허심탄회하게 판단해줄 수 있다. 우리가 시간을 절약하기 위해서 학원에 다니는 것처럼 멘토는 불필요한 시행착오를 줄여주는 효과가 있다. 또 속도보다 방향이 중요한 세상살이에서 멘토는 우리가 나아가야 할 방향을 올바르게 제시해줄 수 있다.

멘토는 또한 객관적으로 나를 판단할 수 있도록 도와준다. 나를 객관적으로 판단하고 진정으로 걱정해주는 멘토가 있다면 삶의 질과 자신감은 분명히 비약적으로 높아질 것이다.

다만 멘토를 정할 때는 나 자신에게 너무 비판적이기보다 칭찬을 많이 해주는 사람이 좋다. 같은 내용을 전달하더라도 흠을 잡는데 치중하거나 비판적인 태도로 일관하는 멘토라면 차라리 없는 게 나을 수 있다. 아무리 멘토라도 내 기분을 상하게 하고 자신감이 저하되면서까지 조언을 구할 필요는 없다.

나는 지금도 2002년의 월드컵 4강 기적을 잊을 수 없다. 모든 국민이 23명의 태극전사를 응원하며 한국의 힘을 세상에 선보였고, 그때 광화문 광장을 꽉 메운 빨간 물결을 외신들은 그라운드의 열두 번째 선수라고 불렀다. 당시 대한민국 국민은 선수들이 실수해도 비난을 하기는커녕 더 열렬히 응원의 함성을 보냈다. 우리 삶에도 이런 응원단이 필요하다. 조금은 미숙하지만, 조금은 부족하지만, 나를 묵묵히 응원해줄 수 있는 멘토가 말이다.

실직과 재취업의 와중에 멘토를 만나다

나의 삶에도 멘토가 있었다. 1997년 IMF 시절 해고됐을 때 첫째 아이가 있었기에 충격이 상상 이상이었다. 생활비를 제대로 가져다줄 수 없었고 가장의 책임을 제대로 할 수 없었다. 집에 들어가서 아내와 어린 첫째의 얼굴을 볼 때마다 나에 대한 분노에 마음의 갈피를 잡을 수가 없었다. 여기저기 수소문하며 일자리를 찾아다녔지만, IMF의 파고에 휩쓸려간 경제 여파는 생각보다 심각했다. 그렇게 가장도 아니고, 가장이 아닌 것도 아닌 상태로 나 자신을 갉아먹으며 10개월의 시간을 보냈다.

그러던 어느 날 한 선배의 도움으로 어렵게 직장을 구할 수가 있었다. 그렇게 새 직장에 자리를 잡을 무렵 전 직장에서 진행 중이던 프로젝트의 클라이언트로부터 연락이 왔다. 그 클라이언트는 전 직장 대표와 막역한 사이로 나와는 프로젝트 진행 과정에서 알게 돼 친해진 사이였다. 그 클라이언트는 당시 내가 정리해고된 사실을 모른 채 진행 중이던 프로젝트에 대해 이것저것 말하기 시작했다.

나는 잠자코 듣고 있다가 직장에서 정리해고된 사실을 털어놓았다. 그러고 나서 현재 새 직장에 다니고 있고, 그 프로젝트는 동료에게 인수인계를 확실히 하고 왔음을 알렸다. 그 클라이언트는 내 말을 듣더니 갑자기 버럭 화를 냈다. "아니, 유능하고 착실한 사람을 해고하면 어쩌자는 겁니까? 나 이 프로젝트, 이대로는 진행 안 할 겁니다. 기다려 보세요. 내가 대표랑 통화할 테니까."

그 클라이언트는 전 직장 대표와 다시 통화를 하겠다고 하더니 전화를 끊었다. 그리고 얼마 뒤, 실제로 그 클라이언트는 전 직장에 맡겼던 프로젝트를 중단하고 내가 새로 옮긴 직장에 프로젝트를 다시 맡겨주었다.

내 멘토는 유머 감각 뛰어난 주지 스님

나는 지금도 전 직장의 대표에게 전화해야겠다고 소리를 치던 그 클라이언트의 목소리를 잊지 못한다. 능력이 없어 정리해고된 나에게 "이렇게 유능한 젊은이를 해고하다니 안 될 일이에요"라고 했던 그 쩌렁쩌렁한 목소리가 당시 자신감을 잃고 실의에 빠져 있던 내게 얼마나 큰 힘이 되었는지 모른다.

게다가 본인의 프로젝트를 전 대표와의 친분에도 불구하고 내가 새롭게 입사한 직장에 맡겨주었을 때 움츠러들었던 내 어깨는 물론이고 인생에서 처음으로 맛본 쓴맛을 극복하기에 부족함이 없는 응원이 되어주었다.

그 일 이후로, 그분은 내 인생의 멘토가 되었다. 작은 절의 스님이었던 나의 멘토는 내가 자격증을 취득하여 건축설계사무소를 오픈하였을 때도 많은 프로젝트를 맡겨주었고 몇 년 뒤에는 초대형 프로젝트를 선뜻 맡겨주었다.

나에게 용기백배의 자신감을 불어넣어준 멘토는 지금 큰 절의 주지 스님이 되어 설법에 매진하고 계신다. 나는 불교 신자는 아니지만 가끔 절에 가면 마음이 그렇게 편할 수가 없다. 스님의 덕망이 내 마음까지 편안하게 해주기 때문이다. 주지 스님은 유머 감각도 뛰어나시다. 스님이 강의하실 때 나를 포함해 신도들이 엄청 웃었던 기억이 있다.

"하나님은 '두드려라. 열릴 것이다'라고 하셨는데 문을 왜 만들어놓고 시끄럽게 두드리라고 하시는지 모르겠습니다. 부처님은 문을 안 만들고 그냥 오시면 되니 매우 편하겠지요?"

멘토를 만나고 또 멘토가 되어주자

나처럼 내 편이 되어 응원해주는 멘토를 만나기를 권장한다. 멘토를 만드는 것은 어렵지 않다. 주변을 보면 반듯한 사람 한두 명쯤은 있게 마련이다. 그분들 중에 나를 말없이 응원해줄 수 있는 사람을 찾아보자.

직장 상사가 될 수도 있고, 대학교수님이 될 수도 있고, 때로는 교회의 목사님이나 성당의 신부님, 나의 경우처럼 절의 주지 스님이 될 수도 있다. 아니면 나의 아내가, 나의 남편이 최고의 멘토가 될 수도 있다. 내가 조금 지쳤을 때 위안이 될 수 있고 열렬히 나를 응원해줄 수 있는 사람이라면 그것만으로도 여러분은 다시 한 번 더 일어설 수 있는 힘을 얻을 것이다.

이에 더해 나는 멘토를 찾는 일만큼 누군가에게 자신이 멘토가 되는 일을 게을리해서는 안 된다고 강조하고 싶다. 멘토를 만나고 멘토로부터 응원을 받아 다시 일어설 힘을 얻듯이, 나 자신도 누군가에게 그런 응원과 격려의 역할을 얼마든지 해줄 수 있고 또 해주어야 하기 때문이다. 당신 곁에 있는 사람이 절실하게 멘토를 찾고 있을지도 모르니 말이다.

꼭 훌륭한 사람만이 멘토가 되라는 법은 없다. 거창한 행동을 하거나 거창한 말을 들려주지 않아도 그저 옆에서 손을 잡아주고 사소하지만 응원의 목소리를 들려주는 것이다. 그것만으로도 다른 이에게 얼마든지 용기와 힘을 줄 수 있다.

적응하려 하지 말고 즐겨라

룰은 내가 정한다

우리들은 보통 낯선 자리에서 분위기를 맞춰주기 위해 억지 웃음과 장단을 친다. 억지 웃음으로 얼굴에 경련이 날 지경이다. 하지만 낯선 상황에 맞닥뜨렸다면 적응하려 하지 말자. 어색해하지 않으려고 굳이 애쓰는 것도 불필요한 행동이다. 굳은 얼굴로 앉아 있기 불편하고 그렇다고 애써 웃음 짓기도 어색하다면, 이때는 상황의 룰을 자기 방식에 맞추자.

굳이 불필요하게 웃으려 애쓰지 말고 맞장구를 의무감에 칠 필요도 없다. 나 자신이 편해야 남들도 편할 것이라 생각하자. '나는 적어도 이 정도는 해도 되는 사람이야'라고 생각하면 마음이 자연스럽게 풀어질 것이다.

MBC 예능 프로그램 〈라디오 스타〉에서 방송인 김구라가 개그우먼 김숙에게 "얼굴이 남자같이 생겼어"라고 했다. 이럴 때 대부분의 사람은 분위기를 위해서 웃으며 넘기겠지만 그녀는 그를 쳐다보며 무표정을 하고 "어, 상처 주네"라고 했다. 이에 그는 바로 사과를 했고 그녀도 웃으면서 받아들였다.

이 방송을 보면서 '바로 이거다'라는 생각이 들었다. 대다수의 사람들은 자신의 감정에 상처를 받음에도 불구하고 자기로 인해 분위기를 해칠까 봐 제대로 대응하지 않고 돌아서서 마음 아파한다. 나도 과거에는 그렇게 대처했다. 하지만 이제는 나의 감정을 감추려고 애쓰지 않는다. 남의 감정이 소중한 것 이상으로 나의 감정이 소중하기 때문이다. 소중한 나의 감정에 상처를 입으며 분위기를 맞출 필요도 없고 무례한 상대방의 감정을 배려할 이유가 전혀 없다.

한 사회모임에서 저녁식사 자리가 있었고 모두들 거나하게 술을 마셨다. 나는 일이 밀려 있어 술을 입에 대지 않았다. 그때 누군가 2차로 호프집에 가자고 부추겼다. 또 몇몇은 노래방에 가자고 했다. 그래서 총무에게 살짝 다가가서 일이 있어 먼저 가겠다고 하니 분위기가 깨지니 2차에 가서 잠깐 앉았다 가라고 했다.

분위기를 깨고 싶지 않아 2차에 가서 앉아 있자니 술 취한 사람의 분위기에 맞춰주기가 여간 불편하고 어색한 게 아니었다. 그래서 나는 집에 가는 길을 선택했다.

여러분도 그래도 된다. 불편하거나 중요한 일정이 있으면 자리를 피해야 맞는 것이다. 자리를 지키면서 내 소중한 시간과 에너지를 낭비하며 벌을 받고 있을 필요는 없다. 나중에 기분 좋게 술 마실 기회가 왔을 때 마시면 되고, 기회가 없으면 내가 만들면 된다.

룰이 다른 사람 손에 있다면

그런데 모든 자리에서 이러한 '쿨한 퇴장'이 가능하지는 않다. 회사 업무상 반드시 지키고 있어야 할 자리이거나 자리를 피할 수 없는 상황이라면, 상황 속으로 적극적으로 들어가보자.

말을 많이 하면서 상황을 주도하는 사람이 있으면 왜 이렇게 말을 잘하냐고 칭찬도 하고, 나처럼 상황에 힘겨워하는 사람이 있으면 그 사람을 무엇이든 칭찬하면서 상황에 들어오게 만들어보자. 새로 단장한 머리든, 단정한 복장이든, 예쁜 머리핀 액세서리라도 칭찬을 해보자.

항상 그 상황에 녹아드는 연습을 하자. 분위기에 집중하다 보면 인사이더가 되어 있을 것이다. 우리가 고속도로에서 운전을 하다 보면 처음에는 시속 110km/h로 달리면 엄청 빠른 속도감을 느낄 수 있다. 하지만 이내 110km/h가 50km/h로 느껴짐을 체험해보았을 것이다.

인간은 환경에 적응하도록 만들어져 있다. 굳이 적응하려 하지 않아도 알아서 적응한다. 마치 아이는 걸음마를 본능적으로 익히는 것처럼 말이다. 오히려 적응하려 할수록 힘만 든다.

두려움을 다양하게 공략해보자

나에게 닥친 상황을 게임처럼 즐긴다면 어떤 난관이나 어색함도 헤쳐 나갈 길이 보인다. 게임이 즐거운 이유는 임무가 주어지고 목표가 달성되면 성취감과 동시에 보상이 주어지기 때문이다. 또한 게임을 하면 자신의 의지대로 능동적인 주인공이 되어 대리만족을 느끼기 때문이다. 이러한 특성을 이용해 즐겨보자.

대개 비디오 게임을 할 때 우리에게 주어진 목숨은 3개 이상이다. 게임 아이템도 조금 좋은 것부터 아주 좋은 것 등 다양하다. 또한 처음보다 두 번째는 조금 잘한다. 세 번째는 더 잘한다. "스포츠에서 최고의 수비는 공격"이라는 말을 들어보았을 것이다. 두려움이 우리를 공격하게 하지 말고 우리가 두려움을 공격해보자.

공격을 하다 보면 실체가 명확해질 수 있다. 그 실체는 어쩌면 우리와 관련이 없음에도 불구하고 막연히 두려움으로 잘못 인지했을 수도 있다. 앞에서 소개한 비법(아이템)들 가운데 자신에게 맞는 방법을 찾아 실전에 투입해보자.

하나를 연마해서 써보고 두 개를 연마해서 써보며 모두 실험해보자. 그래서 나에게 최적으로 맞는 무기를 장착하자. 마치 게임처럼 하다 보면 저절로 터득할 수 있는 경지에 이를 것이다.

주변 사람을 내 편으로 만들자

무언가 새로운 것을 시도하고자 할 때 본인도 확신이 없는데 주변인이(기혼이면 배우자가 되겠고 미혼이면 부모님이나 친구가 되겠다) 밀어주거나 맞장구를 쳐주면 용기가 나지만 시큰둥하거나 반대 의견을 제시하면 해보지도 않고 힘이 빠진다. 나는 사회생활을 하면서 이러한 상황을 너무 많이 경험했다.

내가 어려움에 처할 때 나에게 손을 내밀어주는 사람이 있는가 하면, 가차 없이 냉정하게 손절하는 사람이 있다. "세상은 나 혼자 살 수 없다"는 말을 이때 실감할 수 있다. 손을 내밀어주는 사람이 있으면 고통도 쉽게 끝낼 수 있는 반면에 냉정한 손절에 더하여 나락으로 밀어버리는 사람이 있으면 만만치 않은 고통으로 다가올 수 있는 것이다. 그래서 내 편이 꼭 필요하다. 평소에 주변 사람과 잘 지내야 하는 이유다.

하나의 일례로 나의 모임 활동에서 모임 회장을 보면서 타산지

석으로 삼고 싶은 일이 있다. 그 모임의 회장은 평소 자기주장이 강해 자기주장을 대부분 관철시킨다. 내가 보기에도 합리적인 판단은 아니다. 그렇게 몇 번 경험하고 나서는 회원들은 그 회장이 하는 일은 무엇이든지 색안경을 끼고 보며 반대부터 하고 본다. 회장의 주변 사람이 회장 편이 아니기에 회장은 무슨 말을 하면서도 회원들의 눈치를 본다.

그 모습을 보면서 '저런 상황에서 무슨 자신감이 생길 수 있지?' 하고 생각한 적이 있다. 자신감은 주변 사람과의 화학적 반응으로 시너지 효과를 낸다는 사실을 알아야 한다.

나도 무언가 새로운 사업 등을 할 때 아내가 거의 반대를 하지 않았고 믿고 따라주었다. 평소 신뢰를 잃지 않았기에 가능하지 않았나 싶다. 평소에 신뢰를 쌓지 않은 상태에서 나중에 필요에 의해서 주변인을 설득하려 하면 원하는 결과를 얻기가 쉽지 않을 것이다. 시간 있을 때 평상시 확실하게 주변인들을 포섭하자. 위기의 순간 커다란 조력자가 될 수 있다.

프로세스를
예측하여 대비하라

프로세스를 예측하면 당당해진다

준비된 사람의 자신감은 자만이 아니다. 자신감을 당당하게 실행하고 밀고 나아가기 위해서는, 자신에게 닥칠 상황에 대한 만반의 준비를 해두어야 한다. 준비하기 위해서는 예측이 필수다. 미리 예측한 것에 대해서는 준비를 할 수 있어 긴장과 두려움이 반감되고 상황에 맞설 수 있기 때문이다.

두려움은 돌발 상황에서 발생한다. 아무 준비도 없이 예상 밖 질문에 답변하려면 쉽지 않다. 영화에서도 귀신이나 괴물은 예상하지 못한 상황에서 등장하여 관객을 놀라게 한다. 하지만 상황의 프로세스를 예측해서 준비하면 예측의 재미를 곁들여 느낄 수 있다.

시험에서도 자신이 예측한 문제가 나온다면 얼마나 쉽고 재미있겠는가? 출제자의 입장이 되어 출제 의도를 파악해보는 것은 시험을 재미있게 준비하는 한 방법이다. 사전에 예상 문제를 몇 개 준비하고 있으면 왠지 모를 든든함이 느껴진다.

준비만이 살 길이다

모임이나 행사에 참석할 때 마이크를 잡을 일이 생길 수가 있다. 이에 대비하여 자기소개, 인사말, 건배사 등 3개 정도만 멋지게 만들어 준비하면 유창한 스피커로 인식될 수 있다.

반면에 전혀 예상치 못하다 갑작스럽게 무대나 연단에 서게 되어 당황한 기억들이 있을 것이다. 면접이나 프레젠테이션에 직면했을 때는 어떨까? 이때 임기응변으로 대응해서 멋지게 발표할 것이라고 예상하는 것은 오산이다. 하물며 훈련된 작가들도 여러 번 원고를 수정하고 갈고 닦아 하나의 글을 완성시키는데 말이다.

스피치를 잘하는 사람은 즉흥적으로 말할 것이라고 흔히 생각하는데 실은 그렇지 않다. 자신을 과대평가하여 즉흥적 스피치로 잘할 수 있다고 생각한다면 만족할 만한 결과를 얻기 어렵다. 미리 여러 상황에 대비하여 나만의 멘트를 가지고 있어야 한다.

면접이나 프레젠테이션에서도 마찬가지다. 한번은 아들이 대입에서 면접을 준비하면서 고민하는 것을 옆에서 보았다. 과년도에 나온 질문들을 정리하고 예상 질문을 준비하면서도 어떤 게 나올지 몰라 우왕좌왕 당황하는 게 역력했다. 물론 당락이 결정되는 것이라 긴장하는 것은 당연하다.

하지만 고민으로 해결될 일이 아니었다. 그래서 나는 아들에게 답변이 힘든 질문이 나오면 죄송하다고 말씀드리고 당당히 모른다고 답하라고 했다. 여러 가지 모르는 질문이 나올 수 있지만 "죄송합니다. 잘 모릅니다. 하지만 이 학교에 진학하여 더 열심히 하겠습니다"라는 답변으로 모르는 문제에 대해서 답을 만든 것이다. 모르는 것을 대충 얼버무리면 학생의 자세가 아니라고 말이다.

학생은 많이 알고 있는 것보다 무한한 가능성이 더 중요하다고 말해주었다. 아들의 얼굴이 환해지며 용기를 얻는 듯했다. 어떤 질문에도 답을 할 수 있게 되었기 때문이다. 아는 것은 아는 대로 말하고 모르면 모른다고 하면 막힐 질문이 없다고 생각한다. 실제로 아들은 애매한 질문에 모른다고 당당히 말했다고 한다. 그러고 나서 당당히 그 대학에 합격했다.

두려움에 직면했을 때 당황하여 서둘러 빠져나가려 하지 말자. 속담에 "접시 물에도 빠져죽는다"는 말이 있다. 당황하면 대수롭지 않은 일도 크게 된다는 말이다. 자신만의 루틴, 즉 대응 매뉴얼을 가지고 그대로 하면 된다. 우리 아들이 대학면접에서 모른다고 당당히 말했듯이 하면 된다.

마치 자물쇠의 만능키가 모든 잠금을 풀 수 있는 것처럼 말이다. 수학문제를 풀 때 문제마다 공식이 다르다면 어떠하겠는가? 공식 외우기에 바쁘고 괴로울 것이다.

긴장에 대해 막연히 두려워하지 말자

최고의 퍼포먼스는 각성 상태에서 나온다고 한다. 약간의 긴장은 필요한 법이다. 두려움에 자주 대면하여 두려움의 면역력을 생성시켜야 한다. 온실 속의 화초처럼 살아온 사람은 조금의 스트레스나 두려움에 좌절한다.

역사학자 토인비(Toynbee)가 즐겨 하던 이야기 중 '청어 이야기'가 있다. 북쪽 바다에서 잡은 청어를 런던까지 싱싱하게 살려서 운반하는 것이 어부들의 큰 문제였다고 한다. 어부들이 아무리 노력해도 런던에 도착하면 거의 죽어버린 것이다. 그러나 유독 한 어부만이 살아 있는 청어를 운반해오는 것이었다.

비결이 너무나 궁금하여 물어보니 청어를 넣은 통에 청어를 잡아먹는 메기를 넣어 운반하면 살아 있는 청어로 운반할 수 있다고 답했다고 한다. 메기가 청어를 한두 마리 잡아먹기는 하지만 나머지 청어는 싱싱하게 살려서 운반할 수 있다는 것이다. 결국 청어들이 살기 위해 몸부림을 쳤다는 이야기다. 여기서 알 수 있듯이 약간의 각성을 유지하는 것이 최고의 퍼포먼스를 위한 비결이다.

예측할 수 없는 요소가 위험하다

2020년 미국 대통령선거에서 트럼프가 낙선하고 바이든이 당선되었다. 어디로 튈지 모르는 트럼프의 행보 때문에 전 세계의 정치·경제인들은 좌불안석이었다.

이유는 전혀 예측이 불가능했기 때문이다. 예측할 수 있는 위험 요소는 대비를 해서 피해가면 되는데 예측할 수 없는 위험 요소는 작은 위험 요소라도 큰 피해를 줄 수 있기 때문이다. 태풍이 올 것을 알고 대비한 후 피해를 입은 것보다 갑자기 불어 닥친 돌풍에 의한, 무방비 상태에서의 피해가 더 큰 것과 일맥상통한다.

우리나라에서도 쉽게 찾아볼 수 있다. 코로나19로 인해 2020년 수능시험일이 조정되면서 수험생들이 큰 혼란을 겪었기에 2021년도에는 수능시험일 변경이 없다고 못 박은 것이다. 위험 요소의 예측은 우리의 삶에 서로 같은 방식으로 적용된다. 프로세스를 예측하여 미리 준비하고 대비한다면 세상 두려울 게 무엇이 있겠는가?

물론 큰 두려움에 맞닥뜨린다면 두려움이 있을 수 있겠지만, 최고의 퍼포먼스는 약간의 긴장 상태에서 나온다는 사실을 알고 있다면 거칠 게 없는 법이다.

계획은 틀리는 게 맞다

계획은 업그레이드되어야 한다

하루에도 수많은 약속과 과제를 완수하기 위해 계획을 세우지만 달성하지 못하는 경우가 부지기수다. 그때마다 자신의 능력 부족을 질타하고 자책할 것인가?

만약 이러한 질타와 자책이 반복되면 습관이 되고 습관에 익숙해져버린다. 매일 일어나고 지금까지도 수천 번 반복된 일상이지만 고민이나 개선의 여지 없이 그냥 흘러가고 있는 것은 경계해야 한다. 고민과 개선의 과정을 거친 계획, 즉 시행착오를 거친 계획은 자신에게 최고의 성과물을 가져다줄 수 있다.

예전에 아내와 같이 외식하려 외출이라도 하려고 하면 스님이 되어 도를 닦아야 할 지경이었다. 준비할 것이 어찌나 많은지 한 시간은 기본이고 점심 먹으러 나가려다가 저녁밥 먹는 경우도 있다. 그것으로 끝이 아니다. 빨리 가자고 재촉하다가 서로 언성이 높아져서 기분 좋게 외출하려다 결국 부부싸움으로 번진다.

한번은 준비하는 것이 궁금했다. 가만히 지켜보니 나가자고 하면 그때부터 머리감고 샤워하고 화장하고 입고갈 옷 고르고 또 뭐 먹을지 메뉴를 고민한다. 샤워하기 전에 얼른 입고갈 옷을 고르고 샤워 중에 뭐 먹을지를 고민해도 좋으련만 아내는 그러지 않았다. 밥 먹으러 가는데 왜 머리를 감고 샤워를 하는지 도무지 이해가 가지 않았다. 나 같은 경우는 그냥 겉옷만 걸치고 머리가 많이 지저분하면 모자 쓰고 나간다. 세수를 하러 화장실을 다녀와도 5분이 걸리지 않는다.

하지만 지금은 외출하자고 하면 10분이면 끝난다. 그간 나의 무수한 계획의 수정이 있었다. 간략히 말하자면 내가 미리 메뉴를 정해 먹으러 가자고 한다. 그렇게 하면 시간이 절약되었고, 외출 계획을 전날 통보해서 입고갈 옷을 미리 선택하게 했다. 거기에 곁들여서 감언이설로 "당신은 화장 안 한 게 예뻐!"라고 세뇌를 시켜 화장을 안 하게 만들었다. 나이 먹은 지금도 본인이 화장 안 하는 게 예쁘다고 생각하고 살고 있다. 이것을 보고 세뇌의 위험성을 알았고 북한 체제가 유지되는 이유를 깨달았다.

샤워도 지금은 외출 때 안 한다. 이 또한 내가 "당신은 체취에서도 향기가 나!"라고 세뇌시킨 결과다.

나는 이렇게 말하고 싶다. "세상의 남성들이여, 여성들을 세뇌하라!" 이런 말을 하면 여성단체에서 항의할지 모르겠어서 이 말도 해야겠다. "세상의 여성들이여, 남성들을 세뇌하라!" 남성들은 풀어놓은 야생말이지만 길들이면 유용하게 써먹을 수 있다. 마치 말이 수레를 끌고 쟁기질을 하는 것처럼 말이다.

졸속을 '지향'하라

나는 하루에 완수할 일의 양을 정해놓고 이를 완수하지 못하면 나의 능력 없음에 괴로워하곤 했다. 남들보다 출중하지 못하다는 열등의식에 갈수록 일의 성과와 능률은 뒷걸음치는 것이었다. 이러한 열등의식의 악순환은 삶의 전반에 영향을 미친다. 그래서 한번은 이러한 고민을 대학 교수님께 말씀드린 적이 있다. 그 교수님 말씀이 "졸속을 지향하라"는 것이었다.

그 말을 곰곰이 생각해보니 이런 말인 것 같았다. 예를 들면 내가 하루에 열 가지 일을 해야 되는데 몇 가지 일을 제외하지 않는 이상 모든 일을 완전무결하게 완수할 수는 없다. 그렇다면 내가 할 수 있는 일은 꼼꼼히 완벽하게 하지 말고 70~80%선에서 타협하는 것이다. 그렇게 해야 열 가지 일을 할 수 있는 것이다. 듣고 보니 내가 참 바보였다는 생각이 든다. 초등학교 수학만 알아도 해결할 수 있는 문제인데 말이다. 초등학교에서 빼기를 배웠고 중학교, 고등학교, 대학교에서 무수히 많은 연산을 배우고 공부했어도 인생에 빼기를 대입하지 못한 것이다. '주입식 교육의 폐단인가?' 하는 생각이 들었지만 이런 생각 또한 남 탓이라는 걸 깨달았다. 이 또한 내 탓인데 말이다.

마침 수학 이야기가 나왔기에 마음속에 떠오른 건데, 나는 세상을 살면서 수학이 왜 필요하고 미분·적분을 왜 공부하는지 반감이 많았다. 시장에 가서 물건 사고 회사에서 일하는 데 미분·적분은 써먹을 일이 없는데 말이다. 그러던 내가 교수님으로부터 빼기를 배우고 삶에 수학을 적용할 수 있었다.

삶에서는 수많은 문제에 봉착한다. 그때마다 어려운 문제를 풀어야 한다. 우리가 학창시절 수학 문제를 어떻게 풀었는가 생각해보자. 공식을 외워서 풀든지, 여러 방법을 대입해본다. 그래도 안 풀리면 문제를 뒤집어도 보고 급기야 예상숫자를 넣어서 풀기도 해본다. 그래도 안 풀리면 찍는다. 인생 문제도 마찬가지다. 이것저것 궁리해보고, 뒤집어서 생각해보고, 조언도 받아보며, 그래도 해결되지 않으면 정면 돌파를 한다.

수학 문제와 인생 고민이 비슷하지 않은가? 대학 교수님의 "졸속을 지향하라"는 말이 인생의 무게를 얼마나 가볍게 해주는지 모른다.

자신감을 유지하는
마음 지켜내기

마음 준비가 필요하다

자신감의 기초를 다지고 실천했다면, 이제 남은 것은 자신감을 평생 유지하고 보수하는 일일 것이다. 자신감은 얇디얇은 종이와 같아서 튼튼하게 다져놓았다 싶다가도 어느 순간, 생각지 못한 상황에 맞닥뜨리면 종이가 찢어지듯이 해지기 십상이다.

건축물도 마찬가지다. 영원한 것이 없기에 시간이 지나면 비바람에 노후화가 진행되고, 옥상에서 물도 새고, 타일도 떨어지며, 온도 변화에 신축·팽창을 감당하지 못하고 크랙(crack)이 발생한다. 그래서 유지보수가 있는 것이다. 자신감도 같은 맥락이다. 어느 순간 하늘을 찌를 듯 자신감이 높아지다가도 일순간에 쪼그라들기도 하는 것이다. 그때마다 약해진 부위를 찾아 보수를 해주어야 성능이 유지되는 것이다.

눈총이 따갑다면 시선을 맞춰라

화난 사람의 눈빛을 흔히 "눈에서 레이저가 나간다"고 표현한다. 연단에 설 때나, 면접을 볼 때 동시에 많은 시선을 받으면 왠지 모르게 불편해하는 듯한 시선에 제압당하는 느낌이 든다. 이를 보통 '시선 공포증'이라고 한다.

대부분의 사람은 시선을 의식한다. 그래서 면접이나 프레젠테이션, 또는 낯선 자리에서 처음 보는 사람을 만날 경우에는 시선을 잘 잡는 것이 중요하다. 어느 자리에서든 나를 바라보는 사람들의 시선이 따갑게 느껴진다면 가장 편한 사람의 시선에 맞춰 천천히 이야기를 풀어나가자.

이 사람, 저 사람 모두의 시선을 맞추다 보면 나의 생각의 집중도가 떨어짐은 물론, 다른 사람의 행동에 신경이 쓰이며, 시선의 집중에 압도당하여 당황하기 쉽다. 따라서 편한 사람에게 시선을 맞춰 보자. 마음이 편안하게 가라앉아 머릿속에서 생각이 정리되는 데 도움이 될 것이다.

부탁은 거절당해도 상처받지 않을 때 하라

사회생활을 하다 보면 부탁할 일도 부탁받을 일도 무수히 생긴다. 그래서 인간은 사회적 동물이라고 한 것 같다. 가끔 바쁠 때 부탁받을 때는 나도 사람인지라 귀찮게 느껴질 때가 있다. 성심성의껏 도와주고 나중에 좋은 소리 들을 때도 있지만, 결과물이 좋지 않을 때는 서운하다는 소리를 듣게 되고 도와준 사람 역시 마음이 좋지 않다.

내가 부탁할 때도 마찬가지다. 부탁받는 사람은 귀찮을 수도 있다. 어렵지 않은 부탁일 수도 있고, 바쁠 때 요청하는 부탁일 수도 있다. 정작 본인 일이 아니므로 시큰둥할 때도 있고 거절할 때도 있다. 여기서 중요한 것이 그 사람의 반응으로 말미암아 우리는 커다란 상처를 받고 자신감을 잃어버린다는 사실이다. 《사랑하라 한 번도 상처받지 않은 것처럼》이라는 책 제목도 있지 않았던가? 거절당해도 상처받지 않는 것이 중요하다.

상처를 피하는 극단적인 방법은 부탁을 아예 하지 않고 사는 것이다. 대부분의 부탁은 자기 자신을 위해 하는 것이다. 내가 조금 불편하고 힘든 것을 감수할 각오가 되어 있다면, 부탁으로 인한 부담은 덜어버릴 수 있다. 이는 상대의 거절로 인해 상실될 수 있는 자신감을 유지할 수 있는 방편이기도 하다. 하지만 인간은 사회적 동물이기에 아예 부탁을 하지 않는 것이 어려울 수 있다. 따라서 거절을 받아도 상처받지 않는 훈련이 필요한 것이다.

저 사람도 하는데 나라고 못할까?

사회생활을 하다 보면 다양한 부류의 사람들을 만난다. 그중에는 이리 보고 저리 봐도 수준 이하인데 너무 뻔뻔하게 큰소리치며 당당하게 자기주장을 펼치는 사람들이 있다. 말의 앞뒤도 안 맞고, 일을 처리하는 방식이나 대처하는 방식도 엉망진창을 넘어 한심한 사람도 더러 있다.

그때 그 사람을 한심하게 생각하거나 이해할 수 없다거나 하는 생각에 머물지 말자. 발상을 전환하여 나의 반면교사로 삼자. '하물며 저 사람도 하는데 나라고 못할까?' 이런 용기를 얻을 기회로 삼는다면, 상대에게 상처받고 실망하는 것을 넘어서 나의 자신감을 유지하고 보수할 수 있는 기회로 삼을 수 있다. 세상에는 나를 가르쳐줄 사람 천지다.

다른 이를 겨누는 칼끝을 주목하라

"인생을 살면서 좋은 사람을 만나야 한다"는 어른들의 말은 한

귀로 흘려듣지 말아야 한다. 주변을 보면 가끔 다른 사람에게 지나치게 모질게 하는 사람을 보게 된다. 어떤 이유가 있든, 타인을 모질게 대한다면 그 사람이 내 친구나 가까운 지인일지라도 편을 들고 이에 동조해서는 안 된다. 다른 이에게 모질게 대하는 사람이 나와 친하다고 해서 '나에게만큼은 그러지 않겠지'라고 생각한다면 정말 큰 오산이다.

고전 《맹자》를 보면 "너에게서 나온 것은 너에게로 돌아간다"는 말이 있다. 다른 사람에게 상식 이하로 대하는 사람이라면, 그 칼끝은 요건만 갖춰지면 언젠가는 본인에게도 겨누어질 것임을 예상해야 한다. 그런 사람과는 서서히 거리를 두어야 한다. 사람의 천성은 쉽게 바뀌지 않는다. "사람은 고쳐 쓰는 게 아니다"라는 말도 있지 않은가? 만일 가까운 사람이 이런 행동을 보인다면 기본의 자세를 생각하자. 다른 사람에게 겨눈 칼끝이 나에게 향하는 순간 삶이 송두리째 피폐해지고 극심한 어려움에 직면하게 될 것이다.

자신감을 배양하려는 사람은 적어도 정도를 걷고 모범이 되어야 한다. 자신을 속이고 남을 속이는 사람이 어떻게 세상에 당당할 수 있겠는가? 당당하려면 세상에 떳떳해야 한다. 자신감을 유지하고 보수하는 일에, 상식만큼 기본이 되는 규율은 없다.

브룩스의 선택

많은 사람들이 마음속에 품고 있는 희망사항은 바로 '하고 싶은 것을 하면서 사는 것'이다. 누구나 즐기면서 행복하게 살고 싶어 한다. 그러나 현실은 녹록하지 않다. 우선 당장 생계 유지를 해야 되고 가족을 돌봐야 한다. 하고 싶지 않아도 학교에 가야 되고 직장에 가야 된다. 어느새 다람쥐 쳇바퀴에 길들여져 있는 자기 자신만이 보일 것이다.

영화 〈쇼생크 탈출〉에는 50년 동안 교도소 안에서만 생활을 한 브룩스가 석방되어 바깥세상에서 적응하지 못해 괴로워하다 스스로 삶을 포기하는 장면이 나온다. 세상의 전부라 여기며 살았던 교도소 담장이 무너지자, 스스로의 삶도 무너지고 만 것이다. 나는 그 장면에 너무 공감되어 마음이 무너져내렸다. 목숨을 끊기까지 얼마나 바깥세상이 두렵고 또 막막했을까. '브룩스가 자신감을 유지하는 자신만의 루틴이 있었다면 비극적인 상황을 피해가지 않았을까?' 하는 생각이 들었다. 브룩스는 교도소의 일상이 너무 익숙해져 일상과의 괴리에서 심적 부담이 크게 작용했다.

마트에서의 벅찬 일과와 아무도 반기지 않는 주거공간은 브룩스에게 조금의 행복도, 잠깐의 안식도 제공하지 못했다. 적어도 교도소에서는 모범수로 인정받았고 자신의 도서 관리 일에 긍지를 가졌는지도 모른다. 또한 교도소에서 새를 키우는 것은 정서적 안정은 물론 누군가를 자신이 책임지고 부양하는 책임감을 느꼈을 것이다.

교도소에서의 자신감이 유지되지 못하고 사회에서는 보잘것없고 초라한 늙은이라는 마음에 극단적 선택을 한 것이다. 여기서 눈여겨볼 것은, 생활 전반에서 자신만의 자신감을 유지할 수 있는 루틴을 갖고 있어야 되고 자신의 틀에 맞춰 변화의 속도를 조절할 줄 알아야 된다는 것이다.

그게 없으면 브룩스처럼 교도소를 벗어나는 큰 행복도 무용지물이 될 수 있다. 아니, 오히려 독이 되는 것이다. 사회는 브룩스에게 직장을 주고 숙소를 제공했지만, 그 세상이 브룩스에게는 전혀 행복하지 않았다. 50년간 단절된 채 살아왔던 브룩스에게 바깥세상은 너무나 자신 없고 두려운 낯선 곳에 불과했다.

가슴 뛰는 취미 활동 하나는 하자

살면서 내 마음을 너무 억누르지 말고 스스로의 숨통을 틔워줄 수 있는 취미 활동 하나쯤은 마련해두자. 주변에서 보면 열정적인 취미활동을 하는 사람은 대부분 긍정적이고 여유가 있다. "시간이 없다"는 말은 진짜 핑계에 불과하다.

지인 중에 스키를 좋아하는 사람이 있는데 주말에 가면 사람이 많아 주중에 일과를 마치고 2시간 넘게 운전하고 가서 야간 스키를 타고 다음 날 똑같이 출근하고 열심히 일상생활을 한다.

또 다른 이는 열심히 돈을 버는 이유가 해외여행을 가기 위해서라고 하며 그 목표를 위해 사업도 열심히 정열적으로 한다. 가슴 뛰는 일을 하면 세상이 무척 아름다워 보일 뿐 아니라 열정의 에너지가 발생한다. 그리하여 애써 마련한 자신감을 유지하고 보수하는 일에도 큰 동력이 될 수 있다.

여기, 단무지 더 주세요!

소극적인 천사가 될 필요는 없다

우리는 식당에서도 종업원의 눈치를 보고 배려한다. 우리의 정당한 권리 행사인데도 불구하고 짜장면 한 그릇 먹는데 단무지가 부족하면 온갖 상상을 한다. '단무지를 더 달라고 했을 때 직접 가져다 먹으라고 하며 면박이나 받으면 어떡하지?' 하는 생각이 들며 무수한 시나리오를 써나간다. 하지만 이런 고민은 쓸모없는 것이다. 이젠 당당하게 "여기요, 단무지 좀 더 주세요!"라고 해보자. 못 들었다면 더 큰 목소리로 소리쳐보자.

어설픈 상상력은 심성이 착해서 생겨나는 것이다. 만약 단무지 더 주면서 면박을 준다면 그 음식점이 나쁜 것이다. 이제부터는 당당하게 내 권리를 외치며 살아보자.

가장 먼저 '예스'라고 하자

무슨 일이든 적극적으로 임해야 한다. 고등학교 후배 중 은행에 근무하는 후배가 있다. 한번은 내가 그 은행 본점에 볼 일이 있어서 갔는데, 지점에 근무하던 후배는 업무차 본점에 와있는 상황이었다. 우리는 우연히 마주쳤고, 반가운 마음에 서로 인사를 했다.

후배가 "선배님, 본점으로 한번 오시죠?"라고 했다. 내가 본점에 왔는데 본점으로 오라니 어리둥절했다. 무슨 소리인가 하는데 후배 말이 "다른 곳이 아니라 제가 있는 곳이 바로 본점이죠" 하는 것이었다. 그제서야 나는 말을 이해하고 크게 웃은 기억이 난다.

나는 후배의 주인 의식과 적극성을 배우고 싶었다. 프로처럼 잘하지 못하는 아마추어라도 괜찮다. 그냥 하는 거다. 그 자리를 즐겨보자. 나만 행복하면 된다. 2000년 초반 사업을 처음 시작할 때 친한 동기나 선배 중에 먼저 사업을 시작한 사람은 없었다.

모두 건축사 라이선스를 취득했어도 두려움에 쉽게 개업을 하지 못했다. 아버지께서도 "경기가 좋지 않으니 천천히 개업하면 어떻겠니?"라고 하실 정도였다. 그때 아버지께 "지금까지 이만큼 열심히 노력했는데 사업이 안 되면 너무 억울하지 않나요?"라고 말했다. 나같이 열심히 한 사람이 성공 못하면 누가 성공할 수 있겠냐고 큰소리쳤다. 아버지를 안심시키기 위해 큰소리는 쳤어도 전혀 준비가 되지 않은 상태에서 사실 무척 두려웠다.

나도 처음부터 개업을 염두에 두지 않았지만 "매도 일찍 맞는 게 낫다"는 속담처럼 빠르게 개업을 했다. 물론 처음에 좌충우돌 시행착오도 무수히 겪었다. 직원의 실수로 건축주와 분쟁이 생겨 6억 원의 건물을 떠안은 일도 발생했다. 이때 하늘의 색깔이 노랄 수 있다는 것을 알기도 했다. 이렇듯 산전수전 다 겪었기에 선후배들이 나에게 개업에 대한 조언을 많이 들으려 했다. 그때마다 나는 "언젠가 개업할 거 하루라도 빨리 하는 게 낫다"고 설명한다. 또한 프로젝트를 수주하는 노하우도 가르쳐준다.

최근에는 직원으로 근무했던 후배가 라이선스를 취득하여 진심으로 기뻐해주었다. 하루라도 빨리 부딪쳐보면 실보다는 득이 많다는 것을 몸소 체험할 수 있다는 조언도 빠뜨리지 않는다. 하나 재미있는 것은 20년 가까이 사업을 하면서 "경기가 좋다"는 말을 들은 시절은 한 번도 없는 것 같다. 경기가 좋지 않은 와중에도 여러 방면에서 사업을 성공하는 사람은 무수히 많이 보았다. 결국 승패는 자기 자신의 적극적인 노력에 달려있다.

창피함 보존의 법칙

'질량 보존의 법칙'은 '반응물 전체의 질량과 생성물 전체의 질량은 동일하다'는 법칙이다. 그것을 응용해 내가 만든 것이 있는데 창피함 보존의 법칙이다. 평생 창피할 양이 있는데 그것을 충족시키면 더 이상 창피할 일이 없다는 뜻이다.

누군가는 연습에서는 제대로 못하는 대신 실전에서 잘하고 누군가는 실전에서 못할 수도 있다. 결론은 연습에서 많이 창피함을 겪으면 실전에서 잘할 수 있다는 것이다. 행복과 불행의 절대적인 양은 변하지 않는다. 행복과 불행은 본인의 노력 여하에 따라 달라질 수 있는 것 같지만 실은 개인에게 주어진 양은 일정하다.

물론 개인의 노력의 결과에 따라 질은 달라질 수 있다. 사람은 태어나서 부모와 이별하고 반려자를 만나 자녀를 낳고 살아간다. 개인별로 정도의 차이는 있지만 거의 비슷한 과정을 겪는다. 반려자가 예쁘면 더 행복할 수도 있지만 반대로 바람을 핀다거나 성격이 좋지 못할 수 있으며, 그로 인해 불행도 같이 따라온다. 부모가 돈이 많아 금수저면 당장은 좋지만 그만큼 덜 노력한다. 절실함이 없으면 성공은 쉽지가 않다. 산이 높을수록 골짜기가 깊은 것을 알아야 한다. 이 과정에서 행복과 불행은 비슷하지 않을까?

창피함도 마찬가지다. 개인별로 평생 동안 할당된 창피함을 달성해야 잘할 수 있다. 문제는 창피함을 연습에서 당하느냐 실전에서 당하느냐의 차이다. 창피함을 어디에서 당할 것인가? 우리가 한 번이라도 더 부지런히 연습해서 창피함을 미리 당해야 하는 이유다.

두려움과 스트레스를 관리하라

큰 두려움을 겪음으로써 그보다 작은 두려움은 두려움도 아닌 걸로 느껴진다. 예컨대 병원에 처음 가는 사람은 주삿바늘도 고통으로 생각하고 두려워한다. 하지만 수술의 경험이 있는 사람은 링거 바늘도 견뎌냈고 살을 째는 고통도 견뎌냈기에 주삿바늘은 웃으며 받아들일 수 있다. 칠흑 같은 밤에 공동묘지를 다녀온 사람이 극장의 스크린에서 갑자기 나온 귀신에 놀랄 일은 없다.

스트레스는 평소 적절한 방법으로 발산해주어야 한다. 내가 행복하면 세상이 천국이고, 내가 불행하면 세상이 지옥인 법이다. 행복하면 여유로워지고 넉넉해진다. 반면에 불행하면 내부에 화만 쌓여가고 언제 폭발할지 모르는 위태로움 속에 힘겨워한다.

자동차를 급가속할 때 연료 소모가 많듯이 화를 내면 많은 에너지가 소모된다. 많은 에너지가 소모되면 쉽게 피로하고 피곤이 누적되면 짜증만 생겨 악순환이 반복되는 것이다. 그래서 꼭 자신만의 스트레스를 발산 방법을 가지고 적절하게 스트레스를 관리해주어야 한다.

성공 확률 100%의 비결
'목숨 걸고 하는 것'

하늘은 무심하지 않다

나는 라이선스 시험에서 두 번 낙방했다. 정말 열심히 독기를 품고 했는데 번번이 낙방했다. 첫 번째는 시험의 오류까지 파악하여 답안에 그 내용까지 기재했는데 낙방했다. 학원에서는 소송하라고 할 정도였다. 심기일전하여 두 번째는 더 열심히 했는데도 낙방했다. 태어나서 처음으로 펑펑 울었다. '이 길은 내 길이 아닌 건가?' 하는 생각마저 들었다.

마냥 시험공부만 할 수 있는 상황은 아니었기에 가족의 생계를 위해 시공회사에 학교 강당 신축공사 현장소장으로 취직했다. 시공회사의 일과는 새벽부터 밤늦도록 일정이 있었고, 공휴일도 없었다. 몸은 녹초가 되었고, 시험공부는 엄두도 내지 못했다.

그때 내 마음과 같이 비도 참 많이 왔다. 공사 시작할 때 현장 사무실 앞으로 페이로더(중장비)가 지나가서 웅덩이가 패였는데 비가 와 물이 고였다. 어느 날 그 웅덩이에서 올챙이가 헤엄쳐 다니고 있었다. '참 넋 빠진 개구리가 이런 곳에 알을 낳았구나'라고 생각했고 '곧 웅덩이가 마르면 올챙이가 죽겠구나'라는 생각이 들었다. 그러나 웬걸, 웅덩이가 마르지 않게 간간이 비가 와주었고 올챙이는 무사히 개구리가 되어 웅덩이를 빠져나갔다.

그 모습을 보고 내 마음에 깨달음이 생겼다. 올챙이는 웅덩이가 마를지도 모르는 절체절명의 상황에서도 묵묵히 개구리가 되기 위한 준비를 했다. 거기에 보답이라도 하듯이 하늘은 하찮은 미물이라도 무심하지 않고 간간이 비를 뿌려주었다. "하늘은 스스로 돕는 자를 돕는다"는 말도 있지 않은가? 나였으면 어떠했을까? 아마도 절망적인 미래에 포기하지 않았을까? 이 생각이 드니 시험 두 번 준비해보고 포기한 내가 올챙이보다 못하다는 생각이 들었다.

나는 정말 그 일을 목숨 걸고 했을까?

하루는 시공현장에서 벽돌공사를 한 후에 비가 엄청 쏟아졌다. 선홈통 공사를 해야 하는데 잦은 비로 인해 작업이 지연된 상태여서 많은 비가 벽돌 안쪽으로 흘러들어갔다.

벽돌 안쪽으로 비가 들어가면 벽돌이 하얀색으로 변하는 백화 현상이 일어난다. 관공서 건물로 하자가 생기면 회사에 문제가 생길 수 있는 상황이었다. 비가 장대같이 왔지만 마대호스를 가지고 높이 12m 위를 강관 파이프 가설재를 타고 건물 주변의 선홈통 열두 개를 임시조치를 해야만 하는 상황이었다. 고소공포증이 있었던 나는 무척 난감했다.

비는 마구 퍼붓고, 천둥 번개는 치고, 강관 파이프는 미끄럽고, 자칫 방심했다가는 12m 아래로 추락할 수 있었다. 벼락이 강관 파이프에 떨어질 수도 있었다. 도망가고 싶었지만 나는 책임감에 장대비 속에서 두 시간 만에 작업을 완수했다.

도중에 미끄러져 아찔한 상황도 여러 번 있었다. 지금도 그 일을 하라고 하면 못할 정도로 내 능력을 벗어나는 일이었다. 그때 문득 또다시 두 번 만에 시험을 포기한 내가 부끄러웠다. 정말 이 일처럼 목숨 걸고 열심히 했는지 말이다. 그 후에 건설사 사장님께 양해 말씀을 드렸다. "사장님! 제가 못 이룬 꿈이 있는데 라이선스 공부를 위해 일요일만 쉬겠습니다."

사장님은 두말없이 그러라고 하시더니 주말에 당신이 현장을 지키셨다. 그렇게 해서 포기했던 시험을 일요일에만 네 달 정도 공부해서 그해 합격을 했다. 공부할 시간은 적었지만 그간 공부했던 것들이 많은 도움이 되었다.

건설사 사장님은 개업 후에 여러 프로젝트를 맡겨주셨고, 교육청 감독관님은 교육청 수위 계약도 맡겨주셨다. 아이러니하게도 그때 현장에서 인부로 일하시던 분은 개업 후에 나에게 1호 프로젝트를 연결해주셨다. 올챙이가 암담한 미래에도 불구하고 묵묵히 자신의 길을 걸어갈 때의 상황이랑 너무도 평행이론처럼 일치했다.

성공을 보장하는 불씨를 심자

성공 확률 100%를 이루려면 무슨 일을 하는 데 정말로, 진심으로 간절했는지 되돌아보자. 자신에 대한 믿음 부족과 미래에 대한 의심으로 인해 현재에 충실하지 않았는지 말이다. 나 역시 처음엔 시험공부에 목숨을 걸 정도까지 최선을 다하진 않았다.

또한 올챙이처럼 묵묵히 개구리가 될 준비를 하고 하늘의 뜻을 기다렸는지도 생각해보자. 여러 가지 주변 상황에 불평불만만 하고 있지는 않았는지 말이다. 포기하지 않고 절실히 원하면 무엇이든 이루어지고 세상 모두가 나를 도와준다는 신념과 믿음이 생길 것이다.

어느 아프리카 부족의 기우제는 성공률이 100%라고 한다. 나는 강한 토속신앙의 주술의 힘인지 아니면 우리가 잘 모르는 과학에 근거하여 비가 내리는지 무척 궁금했다. 그러나 이유는 무척 간단했다. 성공률이 100%인 이유는 비가 내릴 때까지 기우제를 지내기 때문이었다.

성공을 보장하는 불씨는 누구나 자신 안에 가지고 있다. 차이를 만들어내는 것은 자신의 강력한 의지에 좌우된다. 생각만큼 되지 않았을 때 포기하지 말고 하늘이 감동해서 스스로 도와줄 만큼 간절해져보자. 만약 당신이 포기하지 않는다면 성공률 100%를 보장한다. 윈스턴 처칠(Winston Churchill)은 "절대로 절대로 절대로 포기하지 마라(Never never never give up)"라고 말했다. 포기하지 않는다면 누구나 콘크리트 자신감을 장착할 수 있다.

잘못은 재빨리 인정하자

다양한 가능성을 인정하자

완전무결한 사람은 없다. 따라서 내가 틀릴 수 있고 상대방이 맞을 수 있다. 아니면 둘 다 틀릴 수도, 둘 다 맞을 수도 있다. 이 가능성을 항상 인정하고 내가 틀릴 수 있다는 마음으로 상대방을 존중해야 한다. 하지만 우리는 그러하지 못하기 때문에 싸움과 분쟁이 일어나고, 쓸데없는 논쟁으로 시간과 돈을 낭비하며, 정신적으로 힘들어한다.

조선시대 세종 때 두 노비가 다투다가 황희정승에게 찾아와 서로 상대방의 잘못을 말했다. 첫 번째 노비의 말을 듣고 황희정승은 “네 말이 옳다”라고 했고, 두 번째 노비의 말을 듣고 “네 말도 옳다"라고 하며 돌려보냈다고 한다. 그걸 지켜보던 부인이 황희정승에게 줏대가 없음을 나무라자 황희정승은 "당신 말도 옳소"라고 한 일화는 유명하다.

이 일화는 우리에게 많은 것을 생각하게 해준다. 일전에 차를 운전하다 신호에 걸려서 차를 정차하고 있었다. 그때 강아지가 찻길로 나가서 위험한 상황이 될 뻔했다. 주인은 강아지에게 야단을 쳤다. 나는 처음부터 이 상황을 지켜보았기에 주인의 마음을 알 수 있었지만 만약에 처음의 위험할 뻔했던 상황을 보지 않고 강아지를 야단치는 모습만 보았다면 어떠했을까?

동물을 키울 자격이 없는 사람으로 강아지의 주인을 판단했을 것이다. 내가 눈앞에서 본 사실도 결론이 뒤집어질 수 있는 것이다. 그러하기 때문에 항상 자신의 오류 가능성을 인정해야 한다.

잘못은 인정하고 더 나은 대안을 찾다

2021년 새해에 공동주택을 계획하고 설계진행을 했다. 거의 매일 야근을 하며 한 달 동안 이 프로젝트에 매달려서 평면과 계획을 설계하고 도청에 심의를 접수했다. 하지만 법에 맞지 않다는 이유로 연거푸 두 번이나 반려를 받았다. 수백억 프로젝트를 재설계해야 했고, 나는 건축주를 뵐 낯이 없었다. 대부분의 건축주들은 건축사를 의지하고 사업을 맡기기 때문이다.

하지만 시시각각 변하는 수많은 법들을 일일이 적용하는 어려움이 있다. '이유가 어찌되었건 건축주 입장에서 사업이 미뤄지고 계획이 틀어지는데 나를 무엇으로 신뢰한단 말인가?'라는 생각에 참으로 막막했다. 하지만 이대로 자존심을 무너뜨릴 수는 없기에 대안을 찾아야만 했다.

고심 끝에 두 가지 방안을 생각해냈다. 하나는 건축주에게 상황을 설명하고 기존 계획보다 더 나은 계획을 제시하여 시간의 지체를 보상하면 만족할 수 있다는 생각이었다. 두 번째는 도청에서 왜 심의를 반려했는지 심층 분석하여 상급기관의 판단을 받아보는 것이었다. 이 방법은 쉽지 않은 방법이다. 일개 개인이 도청이 하는 일을 뒤집기는 쉽지 않기 때문이고, 사업을 하면서도 지금까지 그런 경우를 보지 못했다. 다행히 건축주에게 두 가지 방안을 제시하니 매우 흡족해했다.

첫 번째 방안에서 공동주택 세대수를 늘리고 조망권을 더 확보하여 분양성을 높여 기존의 안보다 더 좋은 안이 되었기 때문이다. 이 계획안을 토대로 설계를 진행하려는데 상급기관으로부터 회신을 받았다. 도청의 법 적용에 오류가 있어 기존의 안이 가능하다는 회신이었다. 다시 한 번 모든 내용을 건축주와 투명하게 공유하고 협의를 했다.

결론은 새로운 안이 좋지만 도면을 다시 작성함으로써 시간이 걸리니 기존의 안으로 진행하기로 했다. 이 과정에서 나는 천당과 지옥을 여러 번 오갔다. 자칫 능력 없는 건축사가 될 뻔했으나 법적으로 도청의 오류를 잡아냈고 기존의 안보다 더 나은 배치를 할 수 있기에 설계 능력도 인정받을 수 있었다.

내가 나의 실수를 감추기 위해 건축주에게 여러 사실을 감추고 핑계와 변명으로 일관했다면 나를 사업 파트너로 계속 인정할 수 있었을까? 대답은 정확히 "아니오"다. 건축주는 분명 나보다 더 많은 경험을 가지고 있기에 나를 순식간에 파악하고 나의 일거수일투족에서 여러 가지를 읽어냈을 것이다. 나보다 더 나은 건축사는 무수히 많지만 나를 사업 파트너로 삼은 이유는 나의 정직과 성실함 때문일 수도 있다.

덧붙이자면 나의 실수와 과오를 담대히 인정하였기에 신뢰했다고 짐작한다. 나 자신 또한 실수와 과오를 인정하였기에 번잡한 마음 없이 홀가분한 마음으로 더 나은 대안을 도출할 수 있었다. 잘못의 인정은 '2보 전진을 위한 1보 후퇴'라고 생각한다.

내 탓으로 돌리면 마음이 풍요로워진다

"고름이 살 되랴"는 말이 있다. 상처 부위의 고름은 아픔을 감수하고 도려내야 나을 수 있는 것이다. 잘못이나 도덕적 기준은 본인이 누구보다 잘 안다. 자신의 잘못을 인정하지 않고 자존심이나 경제적 이득을 따진다면 머지않아 형체도 없이 허물어지는 모래성과 같이 될 수도 있다는 것을 알아야 한다.

지금은 사탕발림이나 얄팍한 꾀로 상황을 모면했다고 해도 향후 상대방과의 더 큰 거래나 도움은 결코 기대할 수 없다. 무엇보다도 중요한 건, 자신의 저면에 있는 지지기반이 허물어질 수 있다는 점이다.

기간이 짧은
버킷 리스트를 만들기

죽기 전에 버킷 리스트!

죽기 전에 꼭 해야 될 일이나 하고 싶은 일들에 대해 작성한 리스트를 의미하는 버킷 리스트(bucket list)는 '죽다, 자살하다'라는 뜻의 'kick the bucket'에서 유래했다. 높은 곳에 밧줄을 매단 뒤 양동이 위에 올라가 목에 밧줄을 걸고 나서 양동이를 발로 걷어차는 자살법에서 유래했다고 한다. 알고 나면 매우 끔찍한 이 말이, 요즘에는 낭만적이고 또 마음에 힐링이 되는 표현으로 느껴진다.

막연히 죽음은 멀리 있다는 생각이 들지만, 버킷 리스트 하나쯤은 가슴에 품고 사는 것이 일상의 작은 재미를 준다고 생각한다. 아직 시간이 많이 남아 계획이 잡히지 않을지라도, 한번 시도해보면 의외로 재미있고 발랄한 내용이 떠오르는 경험을 하게 된다.

일간, 주간, 월간, 연간 버킷 리스트를 만들어 실행해보자. 시시각각 목표를 만들어 열정을 일으키는 것도 좋은 방법이다. 작은 성취가 모여 큰 성취를 만들고, 작은 열정이 모여 큰 열정이 된다.

대가족 유럽 여행

내가 시도한 가장 의미 있는 버킷 리스트는 아홉 명의 가족을 모아 유럽 여행을 떠난 일이다. 2018년 겨울, 부모님과 누나와 매형까지 합쳐 총 아홉 명이 유럽 여행을 갔다. 부모님은 여든 가까이 되셨고 당시 아들과 딸은 한창 학업에 열중해야 할 고등학생과 대학생이었다. 게다가 가족 여행이 사전에 계획된 것도 아니었다. 순전히 즉흥적으로 결정되어 떠난 것이었다.

유럽까지는 비행 시간이 12시간 정도여서 연로하신 부모님께서 이코노미석에서는 힘드실 것이라는 생각이 들었다. 그래서 비즈니스석으로 업그레이드하려 하니 1인당 3백만 원이 추가되었다. 어쩔 수 없이 한 자리만 업그레이드해서 두 분이 돌아가면서 넓은 자리에서 쉬시도록 했다. 하지만 승무원들이 원래 티케팅한 사람만 비즈니스석을 쓸 수 있다고 제지를 했다.

부모님이 연로하셔서 그렇다고 사정 이야기를 해도 원칙을 내

세우며 단호하게 답할 뿐이었다. 저가 항공보다는 안전하다는 생각에 선택한 항공사인데 마음이 씁쓸했다. 이러한 해프닝을 시작으로 대가족의 유럽 여행은 시작되었다.

장시간 비행 끝에 드디어 유럽에 도착했다. 프랑스의 날씨는 제법 쌀쌀했다. 그러나 파리 시내가 내려다보이는 에펠탑에 올라 내려다본 야경은 한마디로 감동이었다. 왜 사람들이 유럽하면 파리 여행을 손에 꼽는지 알 것도 같았다. 부모님과 자식까지 3대가 함께 에펠탑에 서 있자니, 감회가 남달랐다.

파리에서 넘어간 스위스는 천혜의 절경을 펼쳐 보여주었다. 설경이 무엇보다 아름다웠다. 계획했던 비행기 좌석의 로테이션이 물 건너가고 아홉 명이 정신없이 북적대면서 시끌벅적 다니느라 힘든 점도 많았지만, 그간의 어려움이 모두 아름다운 풍광과 함께 눈 녹듯이 사라지는 기분이었다.

마이너스 통장은 남았어도

대가족 유럽 여행은 나에게 마이너스 통장 잔고를 남겼다. 거금 6천만 원이 들었고, 지금도 그 대출금을 갚고 있지만 그 여행이 우리 가족에게 남긴 것은 돈에 비할 수 없는 것이었다. 코로나19가 전 세계를 뒤덮은 지금 생각해보니 더욱 당시의 내 즉흥적인 여행

결정에 큰 박수를 보내고 싶다. 연로하신 부모님을 생각하면 두 분과 함께 파리 에펠탑을 올라갈 일은 앞으로도 매우 힘들 것임을 알기 때문이다.

사실 유럽 여행은, 오래 전 아버지가 은연중에 파리에 한번 가보고 싶다고 하신 말을 기억에 담아두고 있다가 결정한 일이었다. 아버지의 버킷 리스트를 하나 실현시켜드린 것이라고 할까. 타인의 버킷 리스트를 이루도록 도와주는 것도 나의 버킷 리스트를 이루는 것 이상의 자신감이 적립됨을 느꼈다.

아버지께서 에펠탑에서 말없이 야경을 보실 때 나도 짜릿한 희열을 충분히 느낄 수 있었다. 나의 버킷 리스트, 아버지의 버킷 리스트, 가족의 행복 등 1타 3피 이상의 결과를 낳은 셈이 된 것이다. 그렇게 반대하던 아내도 프랑스에서 무리해서 명품 하나 사주었더니 태도가 180도 바뀌었다. 그러므로 어쩌면 1타 4피인 여행인지도 모르겠다. 모든 일에는 타이밍이 중요한데 지나보니 그때가 최적의 타이밍이었다.

버킷 리스트는 짧게

버킷 리스트는 거창하지 않아도 된다. 나는 가능하면 기간이 짧은 버킷 리스트를 추천한다. 일명 '작심삼일'을 권장한다. 세상을 살다 보면 하고 싶은 일은 갑자기, 뜬금없이 떠오르곤 한다. 아침에 일어났는데 무작정 바다가 보고 싶을 때도 있고, 갑자기 기타나 피아노를 배우고 싶기도, 권투나 수영 같은 운동이 하고 싶을 때도 있다. 나는 이런 마음이 들 때가 몰입도가 높으며 성과도 낼 수 있는 최고의 타이밍이라고 생각한다.

내 마음이 시킬 때 작은 목표를 설정하고 실행하자. 내 마음이 하고 싶을 때 하는 것과 의무적으로 책임감으로 하는 일은 속도와 방향에서 차이가 많다. 삶이 무료하거나 세월이 빠르게 간다고 느끼는 이유는 항상 반복된 일상을 살기 때문이다.

과학적으로도 뇌는 반복된 일상은 압축하여 받아들여 시간의 흐름을 빠르게 느낀다고 한다. 빠른 세월을 한탄만 하지 말고 다양하고 기간이 짧은 버킷 리스트를 계획하고 실행해보자. 짧은 목표에서 얻는 자신의 판단력에 대한 신뢰, 보람, 성취, 열정은 삶을 변화시킬 것이다. 이러한 작고 짧은 목표에서 얻는 자신감은 길고 큰 목표를 자신 있게 수행할 수 있는 충분한 바탕이 되어줄 수 있다.

헬퍼스 하이

남을 돕는 선행을 통해 내가 치유된다

남을 도와 느끼게 되는 최고조에 이르는 기분을 '헬퍼스 하이(helpers high)'라고 하며 미국의 내과의사 앨런 룩스(Allan Luks)의 책 《선행의 치유력》에서 처음 사용되었다. 흔히 '마더 테레사 효과'라고도 부르는 이 개념은 남을 도우면서 신체적·정서적 포만감을 느끼는 현상으로 우리에게 긍정적인 반응을 일으킨다고 알려져 있다.

영화 〈로마의 휴일〉로 유명한 오드리 헵번(Audrey Hepburn)은 뛰어난 미모뿐만 아니라 아름다운 마음씨로 더 유명하다. 아프리카 빈민을 위해 많은 금액을 기부했으며 아들에게 다음과 같은 말을 남겼다고 한다. "네가 가진 두 개의 손 중에서 한 손은 자신을 위해, 나머지 한 손은 다른 사람을 돕기 위해 사용해라."

여건상 많은 돈과 시간을 투자하여 남을 돕는다는 건 쉬운 일이 아니다. 경쟁이 치열하고 우열을 가리는 사회 속에서 나 하나만을 위해 살기도 벅차기 때문이다. 하지만 거창한 선행은 못 해도 조금은 '이기적인 나를 위한 선행' 한두 가지쯤은 할 수 있지 않을까? 신체적·정신적 포만감을 느끼기 위한 최소한의 선행이기에 '이기적'이라고 표현하였다. 지구환경과 다음 세대를 위한 분리수거, 신호등 준수, 엘리베이터에서 먼저 인사하기 등 말이다. 많은 돈과 시간을 들여 선행을 하면 좋겠지만 현실은 그리 녹록하지 않다.

우리 사무실에서도 일주일 정도 지나면 종이, 비닐, 병, 플라스틱 용기가 수북이 쌓인다. 예전에는 재활용을 따로 구분하는 게 너무 귀찮게 느껴졌다. 재활용을 분리하는 노력의 비용이 더 크다고 생각했기 때문이다. 하지만 지금은 나의 약간의 수고로 지구환경이 깨끗해진다는 정신적 포만감이 더 크다. 신호등 준수와 엘리베이터에서 먼저 인사하기도 같은 맥락이다.

신호등 준수는 준법정신을 지킨다는 자부심을 느낄 수 있게 한다. 또한 엘리베이터에서 인사하기는 생각보다 많은 용기가 필요한 것이다. 자신감과 용기가 없는 상태에서 용기와 자신감을 불러내야 하기에 중요한 연습 과정이자 이웃에 대한 배려다. 바른생활을 하면 누가 알아주지는 않아도 자신은 안다. 반듯하게 세상을 살아가는 자신이 대견하고 가슴에 나만의 묵직한 버팀목이 있는 느낌이다.

중요한 건, 내가 생각하는 나

뉴스에서 여고생들이 폐지를 싣고 오르막길을 가는 어르신의 손수레를 밀고 당기는 모습에 훈훈함과 묘한 감동이 느껴졌다. 여고생들의 책가방도 무거워 보였는데 어르신을 먼저 생각하는 모습에 나보다 훨씬 높은 도덕성을 느꼈다.

가수 이효리가 한 말 중 마음에 와닿았던 게 있었다. 그녀는 자신이 스스로에게 기특하게 보이는 순간이 많을수록 자존감이 올라간다고 말했다. 그 이야기를 하면서 그녀는 남편 이상순과 있었던 일화를 들려주었다. 나무의자를 만들던 그녀가 남편이 의자 밑바닥을 열심히 다듬는 것을 보고 말했다.

"여긴 안 보이잖아? 누가 알겠어?" 그러자 그는 이렇게 말했다고 한다. "내가 알잖아." 그녀는 이날 큰 깨달음을 얻었다고 한다. "남이 생각하는 나보다 더 중요한건 내가 생각하는 나"라고 말한 그가 꽤 멋진 친구라고 생각했다고 한다. 나는 '이런 마인드가 있기에 당대 최고 스타의 사랑을 받지 않았는가' 하는 생각도 해보았다.

봉사는 정신적 성장의 자양분

우리는 주위의 시선에 너무 많은 에너지를 낭비한다. 보여지는 부분에 치중한 나머지 허례허식에 집중하고, 명품으로 치장하며, 대형차를 몰고 다닌다.

나는 5년 전쯤 모임에서 급식 봉사를 한 적이 있다. 일에 치여 살기에 봉사는 솔직히 엄두가 나지 않았다. 어르신들에게 일주일에 한 번 점심에 배식을 하고 설거지와 청소를 하는 봉사였다. 두세 시간 남짓 하는 봉사지만 마음에 여유가 생기지 않아 꾸준히 하지 못했다. 그러다가 모임의 임원이 되어 어쩔 수 없이 해야 했다.

봉사를 해보니 주변에는 어려운 분들이 생각보다 많았고 자신도 그리 녹록한 처지는 아닌데도 주변 분들을 위해 봉사하시는 분들이 많았다. '이분들이 있기에 세상은 따뜻한 거구나'라는 생각에 가슴이 뭉클했다. 지금은 자발적으로 가끔 시간을 내서 봉사를 하지만 나도 남을 위해서 무언가를 할 수 있다는 마음에 내가 조금 더 선해진다는 느낌이다.

예수님이 죽음으로 인간의 죄를 사한 것처럼 내가 한 선행이 나의 과업을 조금씩 지워줄 것이라는 믿음도 생겼다. 내가 하는 작은 봉사와 양보가 사회에 기여하고 누군가에게 작은 행복을 준다는 것은 나의 정신적 성장에 큰 자양분이다.

3장

초자신감을 만드는 트레이닝

작은 성공의 기억을 쌓자

목표를 낮게 잡아야 성공 확률이 높다

나는 매년 새해에는 거창한 계획을 세우고 의지를 다잡으며 '올해에는 꼭 해야지' 하며 입술을 깨문다. 하지만 30년째 작심삼일이다. 이유는 두 가지다. 첫 번째 이유는 너무 힘든 계획을 세우기 때문이다. 따라서 하루나 이틀은 실행하지만 어느새 나약한 나와 타협을 한다.

'그래, 짧은 인생 즐겁게 살아야지. 너무 힘들게 살지 말자' 하고 무수히 많은 타협안이 나온다. 두 번째 이유는 초반의 의지가 헐거워지기 때문이다. 사람 마음은 하루에도 수백 번 왔다갔다 바뀐다. 자신의 의지가 느슨해질 때마다 조여줄 수 있는 무언가가 필요하다.

나의 가장 큰 문제점은 목표가 너무 높고 세부 계획이 없는 것이었다. 예를 들면 한라산 정상 정복이 목표라 하면 거기에 맞는 세부 계획이 있어야 되는데 계획이 없다. 무작정 올라가다가 힘들어서 중도에 내려온다. 코스를 숙지하고 등반 시간에 맞는 체력을 키우는 일이 선행되어야 하는데 그냥 무작정 올라가다가 포기하는 것이다.

나의 체력을 체크하고 동네 뒷산부터 시작해서 순차적으로 올라가야 하는 것이다. 목표를 동네 뒷산에 두고 순차적으로 높은 산을 나가는 전략을 세워야 하는 이유다. 차례차례 계단을 밟아가야 제풀에 꺾이지 않고 완주할 수 있는 것이다.

의지가 약해질 때 다잡아줄 수 있는 자신의 루틴이 필요하다. 지인 중 음주운전으로 처벌 경험이 있는 사람이 있는데 그 사람은 가끔씩 법원에 가서 음주운전으로 처벌받는 재판을 한 번씩 보고 온다고 한다. 보고 오면 한동안은 술도 입에 대지 않을 정도로 정신교육이 된다고 한다.

나의 경우는 성공 후의 내 모습을 상상하면 너무 행복하여 지금의 노고는 견딜 만하다고 생각하는 경우가 많다. 이렇듯 자신만의 목표와 채찍을 갖도록 해보자. 고지가 눈앞이다.

작은 목표를 중시하라

하나의 건물을 완성하는 목표가 있을 때 중간의 공정들, 예를 들면 기초공사, 골조공사, 조적공사, 마감공사 등은 큰 목표에 속해있는 작은 목표다. 작은 목표가 쌓여서 큰 목표인 건물이 완성되는 것이다. 작은 목표의 성공은 큰 목표로 가는 여정 중의 하나로 내가 잘 가고 있다는 증거이자 나의 의지가 느슨해질 때 다잡아주는 역할을 한다.

아무리 큰 건물도 기초부터 시작된다. 기초가 견고하지 않으면 무너지기 마련인 것처럼 중간의 목표는 궁극의 목적인 큰 목표의 중요한 일부분이다. 뼈대를 세우고 마감공사를 하여 건축물로 완성시키는 것의 기초다. 전체의 성과물보다는 작고 덜 중요하다 생각할지 모르지만, 작은 것들 하나하나가 모여서 큰 목표가 이루어진다는 사실을 잊지 않는 것이 중요하다.

작은 성공은 큰 성공으로 가는 지름길

우리 선조들은 대단하다. 인생에 도움이 되는, 삶에 피와 살이 되는 속담과 격언을 많이 만들어놓았다. "천리길도 한 걸음부터", "티끌 모아 태산이다", "가랑비에 옷 젖는 줄 모른다" 등 모두 작은 것이 모여 큰 것을 이룬다는 말이다.

나도 한때는 "시작이 절반이다"라는 말에 '두 번 시작하면 끝이겠네'라며 비아냥거린 적이 있다. "시작이 절반이다"라는 말에 공감하지 못하는 사람은 시작해본 적이 없는 사람이다. 시작이 어렵지, 일단 시작하면 눈이 굴러가서 눈덩이가 되듯이 가속도가 붙는다.

내가 대학생 시절 좋아했던 여인이 있었다. 그녀와 데이트를 한다면 소원이 없을 정도로 내 마음을 흔들어놓았다. 숙맥이었던 나는 말도 못하고 속만 태우고 있을 때 어디서 용기가 생겼는지 아무 말 없이 장미꽃 한 송이를 주고 돌아오기를 한 달을 했다. 그러면서 말은 없었지만 둘 사이의 장벽이 허물어지고 오래전부터 알았던 것처럼 자연스럽게 친해지게 되었다.

돌이켜보면 처음 장미꽃 한 송이가 절반의 성공이었고 장미꽃 한 송이가 티끌이 되어 데이트에 이르는 태산이 된 것이다. 첫 데이트 이후에 그녀와의 인연은 지금까지 진행 중이다. 그녀와의 사이에서 첫아이로 딸을 얻었다. 2세 계획은 '두 명 정도면 좋겠다'는 생각을 했다. 두 번째 아이를 가졌을 때 산부인과에서 딸이라고 하기에 '두 딸의 아빠가 되었다'라고 생각했다.

하지만 잠시 후에 의사가 "어, 아들도 있네요!"라고 해서 아들딸이란성 쌍둥이가 태어났다. 그녀는 항상 나에게 두 배의 놀라운 기쁨을 선사해준다. 그때의 장미꽃 한 송이의 실천력이 없었다면 지금까지도 두고두고 후회로 남았을 것이다.

작은 성공의 기억을 쌓아가자

너무 큰 목표 앞에서 우리는 쉽게 지치고 시작하기도 전에 기선 제압을 당하는 경우가 많다. 매년 기선 제압을 당해도 매년 새해에 기계적으로 계획을 세우고 연말에는 아쉬움과 후회를 한다. 매년 실패의 수렁 속에서 허우적거리며 실패의 익숙함에 빠져드는 것은 상당히 위험하다. 이 실패의 익숙함은 자신감을 갉아먹으며 다른 계획과 목표에서도 성공에서 멀어지게 한다. 이제는 전술을 달리해서 목표를 세우자.

첫 번째, 목표를 낮게 세워서 성공 확률을 높여보자.
두 번째, 목표를 나누어서 달성하자.
세 번째, 작은 성공의 기억을 쌓아가자.

이 방식으로 목표를 계획하고 실현하여 작은 성공을 이루면 작은 성공이 기폭제가 되어 큰 성공으로 이루어지는 것이다. 나를 성공에 이륙하게 만드는 것은 작은 성공의 기억들이라는 것을 잊지 말자.

트라우마가 떠오르면 헤드뱅잉을!

좋은 일 절반과 나쁜 일 절반

우리는 인생에 기쁠 때, 화날 때, 슬플 때, 즐거울 때 등 희로애락이 있다고 말한다. 나는 이것을 이렇게 바꾸어 말하고 싶다. "인생은 좋은 일 절반과 나쁜 일 절반으로 채워진다"고 말이다.

하루의 일과를 봐도 그러하다. 아침에 일어나면 전날의 실수가 떠올라 나도 모르게 이불킥을 한다. 애써 마음을 다잡고 화장실에 가려면 아내가 화장실을 쓰고 있고 오늘따라 시간도 오래 걸린다. 내가 쓴소리를 하면 와이프는 세 마디를 한다. 말로 투닥투닥하고 대충 씻고 집을 나서면 엘리베이터는 누가 버튼을 누르고 있는지 지하층에 있고 올라오지 않는다.

차를 타고 회사에 가는 중에 신호등은 꼭 내 차례에서 신호가 바뀐다. 회사에 도착해 주차하려는데 내 자리에 주차가 되어 있다. 사무실에 도착해 컴퓨터를 켰는데 책상 아래 가득 찬 쓰레기통이 보인다. 자리에 앉으면 신경질적인 전화벨 소리가 울리며 클라이언트가 불평을 늘어놓는다. 참 괴로운 시작이다. 불과 한 시간 남짓에 일어나는 일들이다. 그러나 이건 시작에 불과하고 클라이맥스가 기다리고 있다. 아직 퇴근까지 아홉 시간이 남아 있다.

반면에 다음 날 아침에 아내가 틀어놓은 잔잔한 음악 소리에 눈을 뜨니 기분이 좋다. 술 먹은 것을 알고 아내가 머리맡에 시원한 꿀물을 두었다. 원샷 하니 에너지가 충전되는 것 같다. 엘리베이터에서 옆집 아주머니가 웃으며 인사를 한다.

회사로 가는 도중에 선배로부터 전화가 와 새로운 프로젝트를 의뢰하러 오후에 미팅을 하자고 한다. 책상에 앉아 국화차를 한 잔 마시며 즐거운 상상에 마음을 가다듬는다. 인생은 정말 좋은 일 절반과 나쁜 일 절반으로 채워지는 게 맞는 것 같다.

체육과 학생들로 인해 생긴 트라우마

학교에서 취미 활동으로 그룹사운드를 했었다. 영화에서 보듯이 대운동장 한쪽에 관중석 밑에 서클룸이 있었다. 운동장에 같이 있다 보니 체육과 학생들과 자주 부딪혔다. 하루는 장대비가 오는데 운동장에 사람들이 모여 있었다.

무슨 일인가 했는데 체육과 학생들에게 폭행당한 우리 멤버가 몸을 가누지 못하고 머리에서 피가 철철 나고 있는데도 구경만 하고 있는 것이었다. 무조건 업고 대학병원으로 달렸다. 나보다 10cm 이상 큰 친구를 업고 응급실까지 빗속을 500m 이상 뛰었다. 다행히 친구는 무사했으며 나중에 그 친구가 한다는 소리가 "너, 잘 뛰더라"였다. 자기는 의식이 있었다고 한다.

그 일이 있은 후에 체육과 학생들을 보면 표정도 굳어지고 기분도 급격히 나빠지는 것을 경험했다. 체육과라고 하면 절대로 상대하고 싶지 않은 마음이었다. 그렇게 마음의 상처로 남아 있을 때 체육과 학생들이 우리에게 치료비를 가지고 왔다. 나는 치료비도 필요 없고 서로 안 보고 살고 싶었다. 사실 그때는 대학생 시절이라 호주머니에 돈도 없었고 한푼이 아쉬웠는데도 섞이고 싶지 않았다. 그만큼 큰 트라우마였다.

응급실 치료비는 내가 장대비를 맞으며 친구들 자취방을 돌아다니며 빌려 해결했었다. 다친 사람을 응급실에 업고 갔는데 치료는 하지 않고 진료비부터 내라는 것이다. 참 황당했지만 현실이었다. "치료비는 됐고 그냥 가"라고 말했지만 다쳤던 친구가 "치료비는 필요 없고 같이 식사하자"라고 해서 우여곡절 끝에 저녁식사를 했다.

식사를 하면서 술잔을 돌리다 보니 어느새 우리는 친구가 되어 있었다. 덩치만 컸지 순수한 면도 있었고 나와 같은 일반적인 사람이었다. 치료비는 회식비가 되었고 친한 친구들이 생겼다.

우리가 연주 연습을 하면 사실 시끄럽고 소음이다. 프로 같은 연주가 아니기에 엄청난 소음인데, 그 후에는 체육과 친구들이 이해해주고 오리려 우리 합주실을 지켜주었다. 같은 운동장에 그룹 사운드 서클이 4곳이 있었는데 악기가 자주 도난을 당했다.

다른 서클은 여러 번 도난을 당했는데 체육과 친구들이 지켜주었는지 우리는 도난을 당하지 않았다. 자칫하면 평생 트라우마가 될 뻔한 일이 친구의 넓은 마음으로 트라우마와 맞닥뜨려 좋은 추억으로 승화되었다. 트라우마를 피하지 않고 트라우마와 직접 대면했기에 가능한 일이었다.

영원히 마음에 새길 세월호

내 삶에 각인된 또 다른 트라우마는 세월호 사고였다. 당시 수영장에 열심히 다녔는데 세월호 사고가 났다. 그 일 이후 수영을 하는 일이 힘들어졌다. 수영을 하다 보면 갑자기 숨이 가빠지며 세월호 학생들의 고통이 이입돼 한동안 물에 들어가는 것조차 힘들었다. 그 어린 학생들이 고통 속에 죽은 생각을 하면 숨이 가빠지고 답답하고 공포를 느껴 물속에 들어갈 수가 없었다.

세월호가 인양되고 목포항의 세월호 거치소에 세 번을 다녀왔다. 고인들의 명복을 빌었고 다시는 이런 안타까운 희생이 없기를 빌고 또 빌었다. 세월호가 왜 목포에 있는지 의아했는데 사고해역에서 세월호가 접안할 수 있는 가장 가까운 항구가 목포였다. 세월호 거치소에 두 번째로 방문했을 때 팝페라 가수 임형주의 〈천 개의 바람이 되어〉라는 세월호 추모곡이 있다는 사실을 알았다.

그 노래을 듣고 나도 모르게 눈물이 흘러나왔다. 안타까운 희생자들이 천 개의 바람이 되어 하늘 위를 자유롭게 날고 있다는 구절에 마음에 큰 위안이 되었다. 희생자들의 입장에서 슬퍼하고 있을 부모와 가족들의 마음을 어루만져주는 아름다운 추모곡이었다. 세월호 트라우마를 이겨내기 위해 목포 세월호 거치소를 다녀오는 등 트라우마를 피하지 않고 정면으로 부딪쳐보니 아름다운 추모곡으로 내마음을 다독일 수 있었다.

트라우마는 인생의 깊이를 더해준다

기분 좋은 기억도 있고 또 아픈 기억도 있지만, 우리는 대개는 안 좋은 것들만 기억한다. 그리고 안 좋았던 기억은, 강한 트라우마로 남아 내 이후의 시간을 지배하기도 한다. 그러나 트라우마는 새로운 일에 몰두해 망각을 활용해 잊어야 하며, 마치 태교를 하듯이 트레이닝을 해서 좋은 것만 생각하고 좋은 것만 보고 긍정의 마인드를 가져야 한다. 매일 일희일비하는 건 쓸데없는 에너지 낭비다.

나는 지금도 상대가 체육과 출신이라고 하면 약간은 거친 사람으로 생각하는 트라우마가 조금은 남아 있지만 그룹사운드 동아리 친구는 시간이 흘러도 나에게 "너는 장거리 육상선수가 됐어야 했어"라고 농담 삼아 이야기한다. 그 말에 나도 트라우마를 추억으로 간직하려 한다. 나쁜 경험이 다 트라우마로 기억된다면 심각한 불안장애를 일으킬 것이고 사회생활은 불가능할 것이다.

그래도 세월호 사건처럼 슬프고 아픈 기억은 있게 마련이다. 그 고통스러운 생각의 늪에 빠지면 나는 마치 헤드뱅잉을 하듯이 고개를 마구 흔들어 날려버린다. 가수 현아가 TV에서 말한 것이 기억난다. 불안감에 휩싸일 때 눈을 감고 눈을 추처럼 좌우로 굴려주면 잡생각이 날아가고 무념무상이 된다고 한다. 해보니 괜찮은 방법이었다.

실수와 실패를 트라우마로 생각하지 말고 추억으로 기억하고 그 속에서 소중한 성공의 씨앗을 얻었으면 한다. 그래도 여전히 깊게 남아 있는 상처가 있다면 헤드뱅잉을 하거나, 가수 현아의 방법을 써보자.

자기 자신의 '찐팬'이 되자

내 안에는 나의 찐팬이 살고 있다

나에겐 몸과 마음이 있고 이성과 감성이 있다. 이성이 나라면 감성은 또 다른 나 같은 느낌이 든다. 이처럼 내 안에는 나 아닌 나, 즉 자아가 존재한다. 평생 나를 따라다니면서 나에게 힘을 돋아주고 즐거울 때 같이 좋아해주고 슬플 때 무너지지 않도록 나를 응원한다. 지금 말로 나의 '찐팬'이다.

TV에 나오는 연예인 스타나 스포츠 스타들은 팬들의 관심과 기대를 먹고 산다고 한다. 팬들에게서 힘을 얻고 열정의 동력을 얻는다. 그러한 팬과 하루 종일 같이 다닌다고 생각하면 얼마나 든든하고 행복하겠는가?

대한민국의 대다수의 아버지들과 어머니들이 그러하듯이 가족을 위해 희생을 하고 감정을 억누르고 울음을 삼키며 살아왔기에 나를 응원해주는 팬 관리를 제대로 하지 못했다. 팬 관리는커녕 내 몸도 챙기지 못하고 살아왔기에 엄두도 내지 못했다. 한마디로 여유 없이 바쁘게만 살아왔기에 그러하다. 그러나 잘 생각해보면 팬도 챙기고 그에 비례해서 팬에게서 용기와 의지를 얻는다면 오히려 더 많은 것을 얻을 수 있다.

여기서 팬은 나 자신이기도 하다. 먼 길을 가는 나에게 휴식도 주고, 맛있는 것도 먹는 등 관리를 하면 더욱 힘차게 열정을 살려서 더 멀리 갈 수 있지 않을까? 즉 내 팬이 좋아하는 일을 많이 해야 진정한 즐거움과 행복을 느낀다. 이때 가슴에 충만해지는 것을 느낄 수 있는데 이게 바로 자신감이다.

내가 좋아하는 것이 있으면 즐겁고 행복하다

모든 사람이 그런 건 아니겠지만 중학교, 고등학교로 올라갈수록 학교 가는 길이 즐겁지는 않을 것이다. 숙제도 많을뿐더러 시험도 봐야 되고, 야간자율학습을 해야 하며, 아침에는 일찍 일어나야 된다.

내가 중2 때 담임선생님이 영어 선생님이셨다. 여자 선생님이

셨는데 그분께 잘 보이기 위해 영어 교과서 첫 부분을 예습해서 갔다. 그 선생님은 영어 읽기를 시키는 분이기에 첫 단원을 여러 번 읽었다. 외우려고도 하지 않았는데 그때 문장이 40년 가까이 지난 지금도 잊히지 않고 머릿속에 기억되어 있다. 내가 생각해도 신기하다.

누구에게나 아련한 첫사랑의 기억이 있겠지만 나에게도 그런 순간들이 있었다. '아침에 통학버스에서 볼 수 있을까? 저녁에 학원에서 만나려나?' 목 빼고 기다렸던 적이 있었다. 그 순간들이 지루하지 않았고 약간 흥분되는 순간들이었다. 〈그녀를 만나는 곳 100미터 전〉이라는 노래처럼 설레이고 행복한 감정이 솟구쳤다. 이런 일들을 돌이켜보면 나 자신이 좋아하고 행복해지는 일을 하면 능률도 좋고 심지어 즐겁기까지 하다.

자기 자신을 사랑하기

묵묵히 자기 자신을 사랑하고 지탱해주어야 한다. 아무리 이성적으로 '야식을 먹으면 안 돼'라고 생각해도 감성에게 지는 경우가 다반사다. 야식의 폐해를 잘 알면서도 달콤한 유혹에 매번 넘어가는 것이다. 이처럼 내 안에는 잘 컨트롤되지 않는 나 아닌 나, 즉 자아가 존재한다.

자아를 어떻게 해야 할까? 매일 칭찬하고 맛있는 거 먹이고 휴식을 주고 힐링해주어야 지치지 않고 진짜 필요한 순간에 힘을 발휘하게 된다. 그렇지 않으면 자아의 배신을 맛보게 되는 것이다.

'내 몸인데, 내 마음인데 내가 하고자 하면 되는 거 아닌가?'라고 생각할 수 것이다. 하지만 그것은 큰 오산이다. 그저 묵묵히 그림자처럼 나를 보필하고 여지껏 고맙다는 말 한마디 없이 견뎌왔던 자아다. 입장 바꿔서 생각해보면 '나라면 그럴 수 있을까?' 수백 번의 우여곡절이 있었을 것이다.

그러나 자아는 그렇지 않다. 묵묵히 당신을 따르며 불평불만 없이 살아왔다. 오늘 자신감이 부족한 것은 과거의 자아에게 대한 태도에 기인한다. 오늘도 과거처럼 태도가 바뀌지 않으면 미래는 자명하다. 오늘부터, 이 시각부터 자아에 대한 인식을 바꿔야 미래의 내 모습이 바뀐다. 자아는 결코 배신하지 않는다.

우리 몸은 손을 든다든가, 걷는다든가, 뛰는 등의 내가 제어할 수 있는 부분이 있는가 하면 심장이 뛴다든가 몸에 열이 나는 등의 내가 제어하지 못하는 부분이 있다. 나의 정신도 마찬가지다. 자아는 내가 제어하지 못하는 마음을 제어한다. 나는 그 친구에게 고마워하기는커녕 존재도 까맣게 잊고 살아왔다. 그림자처럼 나를 따르며 보필하지만 어느 누구에게 고맙다는 인사 한 번 듣지 못했다. 자신감이 부족한 것은 어쩌면 이 친구의 심술일지도 모른다.

왜냐하면 묵묵히 일하는데도 칭찬 한 번 듣지 못하기 때문이다.

이 친구는 칭찬에 목말라할 수 있다. 칭찬해주었을 때 이 친구도 보답할 것이다. 칭찬의 방법에는 휴식, 맛있는 음식, 힐링, 심적인 위로 등이 있겠다. 그 효과는 웃음에서 찾을 수 있다. 진짜 웃음과 가짜 웃음에 대한 몸의 반응은 같다는 연구 결과에 기인한다. 나를 칭찬하면 몸과 마음은 확실히 달라진다. 칭찬은 고래를 춤추게 하듯이 나를 칭찬하면 10배, 100배로 이롭다.

찐팬이 되는 방법

고등학교 시절 나는 책받침 여신 배우 이상아의 팬이었다. 그녀가 나온 책받침뿐만 아니라 연습장, 우편엽서, 하이틴 잡지, 수첩 등 표지에 사진이 있으면 무조건 사서 모았다. 책받침에서 나를 보고 웃고 있는 그녀를 보면서 나중에 꼭 그녀와 결혼해야겠다고 생각했다. 얼마나 좋아했는지 그녀가 〈사랑이 꽃피는 나무〉라는 드라마에 출연했을 때 그 드라마를 빼먹지 않고 보는 게 그 당시 가장 큰 즐거움이었다.

하루는 집에 가서 드라마를 보아야 하는데 집에 가는 버스를 놓쳤다. 하늘이 무너지는 기분이었다. 어떻게든 드라마를 보아야겠기에 무거운 가방을 메고 3km 거리를 단숨에 달려 온통 땀범벅이 되어서 드라마를 시청한 경험이 있다. 순전히 사랑의 힘이었다.

연습장의 표지에서 웃고 있는 그녀를 보면 공부를 하지 않다가도 그녀에게 부끄럽지 않은 사람이 되기 위해 수학 한 문제라도 더 풀었던 기억도 있다.

이런 학창시절의 순수한 마음으로 자신을 바라보았으면 한다. 아무 대가 없이 그냥 무조건 좋아해주고 행복을 빌어주는 팬의 마음으로 자신을 대했으면 한다. 어느 날 문득 거울을 보았을 때 거울 속에 비친 사람이 행복한 미소를 짓고 있으면 그것으로 만족하면 된다.

기대치를
낮추자

여백이 주는 반전의 즐거움

어려서부터 등수를 부여받고 살아온 환경 탓인지, 우리는 무슨 일이든 항상 너무 잘하려 하고 완벽하게 하려는 경향이 있다. 공부를 해도 학급 석차가 매겨지고, 달리기를 해도 1등이 가려지며, 운동회에서도 청백을 나누어 경쟁을 하고, 직장에서도 성과급으로 등수가 매겨진다. 우열 가리기가 일상이며 삶의 대부분이 평가를 준비하는 데 소모되는 것 같다.

그러나 이제는 사회 분위기가 많이 바뀌었다. 과거의 가부장적 사회에서의 엄숙하고 딱딱한 분위기보다는 세대 간의 벽이 많이 허물어졌다. 우리 집만 보아도 5인 가족에 내 서열은 고작 끝에서 두 번째다. 서열 1위는 아내, 서열 2·3위는 두 딸, 그다음이 나고, 아들은 서열 5위다. 인정하고 싶지 않지만 내가 집에 없어도 모든 일이 잘 돌아가지만 아내는 하루만 없어도 집안 꼴이 말이 아니다. 그러니 아내 서열이 1위일 수밖에 없다.

광고업계에서도 과거와 다른 큰 변화가 감지된다. 완벽한 S라인 외모의 모델보다는 보통의 사람과 비슷한 인간적 외모의 조연급 모델이 TV 광고를 점령해가고 있다. 광고의 콘셉트도 고객 만족을 외치다 고객 감동으로 바뀌더니 이제는 고객 행복을 말한다. 급기야 최근의 광고 흐름은 완벽함보다는 조금은 부족한 인간적인 유머가 들어가 있다.

기대치를 낮추면 재미와 감동이 생긴다

지금은 세계적인 가수가 된 싸이만 보아도 알 수 있다. 춤도, 노래도, 외모도 세계적이지 않지만 통통한 몸매에 코믹한 춤사위는 보는 이에게 유쾌한 즐거움을 준다. 그 즐거움은 싸이의 '어딘가 모르게 부족한 듯 보이는 외모와 태도'에서 오지 않을까 추측한다. 웃음은 일종의 우월감에서 생겨나기 때문이다.

언젠가 맨발의 디바 이은미에게 사회자가 "라이브 공연 중에 음이탈이 있을 때는 어떻게 대처하나요?"라고 물은 적이 있다. 그녀는 당시 이렇게 대답했다.

"여러분은 지금 평생에 한 번 들을 수 있는 이은미 음이탈 라이브 공연을 보셨습니다." 이 유머와 재치 넘치는 대답은 우리에게 많은 점을 시사해준다. 그 멘트 하나로, 이은미의 실수를 관중들은 실수로 기억하지 않고 특별하게 기억할 것이다 .

기대치를 낮추었을 때의 효과

수영장 기초반에서 처음 호흡을 배웠던 때의 기억이 난다. 호흡법을 안 배웠을 때는 숨을 쉴 때마다 공기 반, 물 반이 목으로 들어왔다. 필사적으로 호흡하면 할수록, 숨쉬기가 더 힘들어졌다. 수영장 물을 굉장히 많이 마신 기억이 있다.

이대로는 안 되겠다 싶어 자유형 기초반에 들어가 호흡을 배웠다. "음~ 파~" 음에 코로 숨을 마시고 파에 입으로 내뱉는데 신기하게 호흡이 되었다. 숨쉬기 위해 필사적으로 들이마시지 않아도 편하게 호흡할 수 있었다. 그때 "살려고 하면 죽고 죽으려고 하면 산다"는 말이 떠올랐다.

백제의 마지막 충신 계백장군의 5천 결사대는 신라와 당나라의 군사 5만 명을 맞아 밀리지 않았다. 당과 연합한 신라는 열 배의 군사력을 가지고도 관창이 계백 장군에 죽임을 당하기 전까지 네 번이나 싸움에서 패했다. 그 이유는 무엇일까? 정신력의 차이다. 계백은 전쟁터에 나가 죽기를 각오했기에 가능했던 일이다.

한번은 직장에 다니며 야간에 산업대학원을 다닐 때 석사논문을 추계학술발표대회에서 발표할 기회가 있었다. 대학원생, 교수님, 나까지 총 세 명이 발표하기로 계획되어 있었다. 나는 당시 직장인으로 발표 준비가 쉽지 않았고, 그저 경험을 하는 데 목표를 두었다. 앞에서 두 분이 발표하는데 오색찬란한 파워포인트로 자료부터 나와 큰 차이가 났다.

나는 환등기를 사용하여 자료를 흑백으로 발표했다. 시작부터 어떻게 해볼 수가 없어 잘하기는 포기하고 솔직하게 말했다. "제가 대학원을 야간에 다녀서 자료를 흑백으로 준비했습니다." 순간 청중석에 계셨던 교수님들이 모두 웃으셨다. 엄숙한 분위기의 강의실은 한결 부드러워졌다. 아이스 브레이킹이 자연스럽게 되었고 무사히 발표를 마칠 수 있었다.

잘하려 하면 괴롭다

높은 기대치를 충족하기 위해서는 많은 시간과 노력이 들어가고 신경이 날카로워져 주변 사람과의 마찰도 잦을 수밖에 없다. 법륜스님은 높은 기대치에 비해 낮은 결과로 자신감이 저하되는 것을 '과대망상증'이라고 표현하였다.

반면 기대치를 낮추면 몸에 힘이 빠지고 여유가 생기기에 높은 결과를 얻을 수 있다. 누가 태클을 걸어도 여유 있게 피할 수 있고 상대방을 이해할 수도 있다. 기대치를 조금만 낮추어도 우리의 마음은 평온해지고 자신감도 상승한다.

나는 감히 이렇게 말하고 싶다. "잘하려고 하면 괴롭고 대충하려 하면 즐겁다"고 말이다. 타인과의 관계에서도 이 공식은 적용된다. 인간관계에서도 약간은 투박하고 서툴러도 유쾌하고 즐거운 사람에게 더 다가가려 한다. 또한 낮은 기대치는 목표 달성이 용이하여 성취감이 쌓이고 더불어 자신감도 쌓여간다.

갑자기 이런 생각이 든다. 미남·미녀의 기준을 배우 정우성이나 전지현이 아닌 좀 더 평범한 사람으로 삼으면 어떨까? 아마도 우리가 사는 이곳이 천국이 되지 않을까?

몸짱으로 무장하자

작은 성취는 큰 성공을 가져온다

우리는 주변에서 살찐 사람들을 쉽게 볼 수 있다. 영양 과잉으로 마른 사람보다는 통통한 사람들이 훨씬 많으며 나부터도 배 둘레가 장난이 아니다. 운동량은 적고 음식 섭취량은 많으므로 당연한 결과다. 또 우리나라는 음식에 있어서도 타의 추종을 불허한다.

한번은 이탈리아에서 피자를 먹어볼 기회가 있었다. 본고장에서의 피자라 기대를 했는데 웬걸 밀가루에 빨간 소스만 슥슥 문질러서 페퍼로니 몇 개 올려놓고 오리지널 피자라고 한다. 이탈리아 본토라는 매력과 이국적이라는 양념을 넣어도 도저히 맛있게 먹을 수 없었다.

우리나라 피자는 달콤한 빵 같은 도우에 피자 둘레에는 치즈를 넣어 주고 토핑은 불고기, 올리브, 새우, 야채 등 온갖 종류가 즐비하다. 보기만 해도 맛있는 피자다. 이처럼 남의 나라 음식도 원래 맛보다 훨씬 맛있게 만드는 재주가 있다. 피자뿐만이 아니라 우리나라에는 맛있는 음식이 참 많다.

그러므로 살이 찌는 것은 시간문제다. 이런 온갖 유혹을 물리치고 몸짱이 되는 것은 쉽지 않다. 그러기에 몸짱이 되면 약간은 우쭐한 기분이 들 것이다. 《서유기》의 삼장법사와 손오공 일행이 온갖 요귀들을 무찌르고 천축국에 도착하여 불경을 구한 기분일지도 모른다. 내가 몸짱이 되자고 말하는 것은 이러한 작은 성취를 느끼면 큰 성취도 이룰 수 있기 때문이다.

몸짱이 되는 것은 쉽지 않은 과정이다. 인간의 본래 욕구인 식욕을 절제하는 사람은 다른 무엇도 절제할 수 있고 계획한 목표에 지름길로 갈 수 있는 테크닉을 얻을 수 있다. 몸짱이 되는 성취는 결코 작지 않은 성공이다.

몸 대신 마음이 살찌는 투자를 하라

몸짱이 되기 위해서는 매일 운동을 해야 한다. 일주일에 한 번 정도로 운동해서는 몸짱이 될 수 없다. 매일 수영을 하든지 아파트에서 계단 오르기를 하든지 아니면 헬스장을 다니며 몸을 가다듬어야 한다. 매일매일 몸짱이 되기 위한 시간을 투자해야 비로소 이룰 수 있다.

바쁜 사회생활을 하면 쉽지만은 않지만, 매일 나를 위한 투자가 내 마음을 충만하게 한다. 사실 나 같은 경우도 나이를 들어감에 따라 커다란 공허함을 느낄 때가 많았다. 공허함은 나만 느끼는 줄 알았는데 현대인들은 대다수가 느끼고 있다.

그 공허함은 여기에서 열거할 수 없을 정도로 많은 원인이 있겠지만 호르몬 변화에 따른 기분의 변화도 있겠고 세상사 내 마음 같지 않아서 느낄 수도 있다. 아무튼 몸짱이 되기 위한 시간의 투자는 매일매일 살아가는 힘을 얻게 하고 상쾌한 기분으로 일의 능률을 배가시킨다는 중요한 점을 잊지 않았으면 한다. 상쾌한 기분과 삶의 활력은 마음을 충만하게 하여 자신감 저하 등 우울감이 침투할 공간을 제공하지 않는다.

날씬한 몸매는 나를 돋보이게 한다

나도 얼마 전까지만 해도 뱃살이 나온 모습에 친숙한 동네 아저씨 같았다. 내 마음은 아직도 캠퍼스를 거니는 대학생이건만 거울에 비친 내 모습에 세월의 무게를 느꼈다. 친구들의 모습에서도 나의 모습을 투영할 수 있었다. 원래는 운동을 좋아했는데 바쁘다는 핑계로 몇 년 운동을 하지 않았다. 건강검진에서 대사증후군이라고 했다. 당뇨병 직전 단계였다. 여기에 충격을 받고 가벼운 운동을 시작하고 나서 야식도 줄였더니 효과는 바로 나타났다.

초등학교 모임에 갔더니 어떤 친구가 갑자기 "너 10년은 젊어졌는데?"라고 말하는 것이었다. 또 어떤 친구는 "옷이 잘 어울리네"라고 했다. 단지 며칠 운동했는데 말이다. 이러한 긍정의 말들이 나를 더욱 집중하게 만들었다. 그래서 지금은 약속이 있어도 웬만해서는 헬스장을 빠지지 않으려고 한다. 울퉁불퉁, 불끈불끈 근육맨은 아니더라도 뱃살만 빠져도 옷맵시가 나를 돋보이게 한다. 운동하는 과정에서 들려오는 긍정의 메아리는 나를 더욱 다잡아주고 집중하게 한다.

운동 근육이 나에게 힘을 준다

내가 어렸을 때 '철권'이라는 오락 게임이 있었다. 나와 상대방이 서로 무술로 대련을 하는데 많이 맞으면 데미지가 쌓이는 게임이다. 아무리 듣기 좋게 표현한다고 해도 "뱃살이 나왔네", "나이 들어 보이네" 등의 말은 결코 긍정의 언어는 아니다. 이러한 말이 점점 쌓이면 데미지도 쌓여 우리에게 치명타를 줄 수 있다.

정신적으로나 육체적으로 강인할 때 그러한 말들은 유머로 승화될 수도 있다. 하지만 힘에 겨워할 때는 치명타로 다가오는 것이다. 뱃살이 나왔다고 하면 "이 뱃살을 만들기 위해 수억 원을 들였어"라고 받아칠 수도 있고, 나이 들어 보인다고 하면 "형이라고 불러"라고 할 수 있다. 하지만 여러 일이 겹쳐 힘들 때는 그 말이 비수가 되어 마음에 꽂힐 수 있다.

"가는 말이 고와야 오는 말이 곱다"는 말도 있다. "네 뱃살이나 신경 써"라고 거친 말로 쏘아붙일 수도 있다. 그래서 운동을 해야 된다. 운동을 하면 근육이 몸에만 생기는 것이 아니라 마음에도 생긴다. 여러 부정의 메시지가 와도 긍정의 반응을 줄 수 있는 것이다.

친구들이나 주변 사람들이 갑자기 술 한잔하자고 하더라도 "운동가야 돼"라고 하면서 술자리를 피할 수 있다. 그렇다고 인간관계가 끊어지는 것도 아니다. 설령 그렇게 끊어질 관계면 일찍 정리하는 게 맞다. 나 역시 저녁에 운동을 시작하면서 모임에 빠지는 상황이 많아졌다. 그것을 못마땅하게 생각하기보다는 자신도 운동해야겠다고 운동을 시작한 친구들도 있다.

나를 절제하고 계획대로 생활하는 것은 타인으로 하여금 '비인간적이다'고 인식하기보다는 '절제로 인한 자기 관리가 확실한 사람이다'라고 인식되게 한다. 그러고 나서 '그 사람은 확실한 사람이다'라는 신뢰가 생겨난다. 이처럼 몸짱이라는 작은 성취가 큰 성공의 기반이 된다. 그것이 가져다주는 긍정의 메아리는 나를 신뢰 있는 사람으로 각인시켜주는 효과를 만든다. 이러한 각종 시너지가 융합적으로 작용하여 나를 더욱 충만하게 하며, 나를 담대한 사람으로 만들어준다.

어깨를 펴고 기합을 내질러라

태권브이도 움츠러들게 하는 코로나19

모두가 힘든 시절이 계속되고 있다. 특히 코로나19로 모든 경제 활동과 산업이 올스톱 상태로 취준생, 자영업자, 기업가 모두가 비명이 절로 나온다. 모든 경제지표가 나락으로 곤두박질치고, 한 치 앞도 예측할 수가 없다. 1997년 IMF와 2008년 금융위기를 겪은 사람들도 "2020년 같은 해는 없었다"라고 할 정도다.

우선 당장 의식주가 무너지고 생계가 걱정된다면 정말 큰일 아니겠는가? TV에서는 스타들의 최고급 승용차와 럭셔리 주택 등 호화생활상이 나오는데 나는 생계 걱정을 하고 있다면 이루 말할 수 없는 상대적 박탈감을 느낄 것이다.

내가 대표로 있는 건축사무소의 이름은 '태권브이'다. 이름처럼 강력하게 상황을 돌파하자는 취지로 그렇게 지었는데, 2020년에는 아무리 태권브이라도 버티기 힘든 상황에 어깨도 움츠러들고 마음도 쪼그라들었다.

만약 실직을 해서 생계 걱정을 해야 하는 상황이라고 해보자. 가족 볼 낯도 없고 내가 무능력해서 생긴 일이라는 자책에 빠져든다. 어깨는 움츠러든다. 거울에 비친 잔뜩 움추린 어깨와 흐릿한 눈빛에 내 마음은 더욱 나락으로 떨어진다. 계속되는 악순환으로 나는 더욱 위축되기만 할 뿐 나아지고 달라지는 게 없다. 악순환의 고리를 어디서든지 끊어야 한다. 이럴 땐 어떻게 하는 게 최우선일까?

맨 먼저 어깨를 쫙 펴는 것부터 시작하자. 어렵겠지만 어깨를 펴는 순간 마음도 펴진다. 마음이 펴지면 나를 다독일 수 있는 약간의 여유가 생긴다. 그러고 나서 생각하자. 지금의 이 위기는 내가 못나서 생긴 것이 아니고 온 나라에 닥친 위기라고 말이다. 정말 끼니도 걱정된다면 무료급식소를 찾아서 식사를 하자. 물론 밥맛은 없겠지만 잘 먹어야 된다. 삶의 열정도 잘 먹어서 에너지가 있어야 생기는 법이다.

조금은 비약해서 말했지만, 어깨를 폄으로 인해 악순환의 고리를 끊어내고 반전의 기반을 만들어야 한다. 어깨를 펴고 당당하게 세상에 맞설 때 날씨는 흐리더라도 내 마음은 화창한 법이다. 눈물 젖은 빵을 먹은 사람은 인생의 깊이도 깊어지고 나이 들어 인생의 황혼기에 아름다운 추억으로 주변 사람에게 말할 수 있는 무용담도 많아질 것이다.

기합을 지르면 두려움이 도망간다

1992년 1월 13일 군대에 입대해서 추운 겨울에 신병 교육을 받았다. 그해는 유독 날씨가 추웠고 무엇보다도 두려운 것은 화생방 훈련의 가스실이었다. 군가를 부르며 차례를 기다리는 것은 참기 힘든 고문이었다. 가스실 안에서 흘러나오는 비명 소리는 더욱 참기 힘들었다.

마침내 차례가 되어 가스실에 들어가서 방독면을 벗는다. 눈물, 콧물은 말할 것 없이 숨도 쉬기 어려웠고 눈도 매워 뜰 수가 없다. 교관은 한 술 더 떠 군가를 부르라고 한다. 어느 신병은 탈출을 시도하다 제지당한다. 탈출 신병 때문에 군가를 처음부터 다시 부른다. 악으로 군가를 부르니 가스실도 견딜 만해진다.

이때 기합을 지르면 두려움이 도망간다는 것을 알았다. 어릴 적 태권도를 했을 때 발차기나 정권을 지를 때 기압을 지르라고 해서 질렀지 왜 지르는지는 잘 몰랐다. 하지만 지금은 그 이유를 안다. 나이가 들어 지금도 난 기합을 지른다. 기합을 지를 만한 장소가 여의치 않으면 차 속에서라도 지른다.

그러고 나면 두려움이 사라지고 마음속의 근심, 걱정도 사그라든다. 기합을 한번 질러보자. 나쁜 에너지는 발산되고 좋은 에너지가 나를 보호해줄 수 있도록 말이다.

'사자후를 토한다'라는 표현이 있다. 사자후는 '사자의 울부짖음'을 뜻하는데, 큰 목소리로 열변을 토하는 것을 비유한다. 큰소리로 소리를 내면 자신이 사자처럼 강해지는 것을 느낄 수 있다. 마치 태권도장에서 기합을 지르듯이 말이다. 태권도에서 기합은 상대를 제압하는 효과도 있지만 자신에게 기를 불어넣어 초인적 힘이 나오게 한다. 목청껏 노래를 불러도 같은 효과가 있다. 가끔은 산 정산에 올라가 야호를 외치는 것도 나를 다잡아주는 효과가 있다. 이번 주말에는 산에 올라 "야호"를 외쳐보자.

코로나19로 온 나라가 마비되고 경제적으로 빙하기가 왔다. 빙하기에 공룡이 멸종했듯이 전 세계가 마치 빙하기처럼 꽁꽁 얼어붙었다. 내가 운영하는 '태권브이 건축사무소'도 타격이 크다. 또한 자녀가 3명인데 모두 대학생이다. 거주지는 지방인데 한 명은 유학 준비 중이고 한 명은 서울에 있다. 학비와 체류비도 만만치 않다. 또한 연로하신 아버지는 치매를 앓고 계시고 어머니는 연세가 여든이시다. 내가 무너지면 가족이 무너진다는 절박함이 항시 마음을 떠나지 않는다. "이 또한 지나가리라"는 말이 있다. 코로나19 상황도 언젠가는 IMF 외환위기처럼 지나갈 것이다.

두려움이 들면 기합을 지르고 걱정이 되면 어깨를 편다. 그러면 마법같이 밝은 생각이 찾아온다.

나 역시 코로나19로 인해 움츠러든 상황에서 버킷 리스트 중 하나였던 책을 집필하고 있다. 서점에서 내가 만든 책이 팔리고 나는 그 책에 대해서 강연을 할 것이다. 참으로 멋지지 않은가? 지금도 그런 상상을 하며 행복의 나래를 펼친다.

몸이 마음을 만들고 마음이 몸을 만든다

어깨를 펴는 것도 기합을 지르는 것도 마음의 두려움을 떨치기 위해 몸을 쓰는 행위다. 이같이 몸을 쓰면 마음의 두려움을 떨쳐낼 뿐만 아니라 두려움의 나락으로 떨어지는 악순환을 끊어낼 수 있다. 마음에서 두려움을 쫓아낸 자리에는 밝은 희망으로 채울 수 있는 여백이 생긴다. 밝은 희망으로 채운 여백은 몸에 좋은 영향을 주어 에너지를 충만하게 한다.

다시 에너지가 충만된 우리의 몸은 더욱 힘차고 희망찬 열정을 마음이 품도록 도와준다. 이 열정은 다시 몸을 충만하게 하여 기쁨을 가져다준다. 이처럼 어깨를 펴고 기합을 지르는 단순한 행동은 선한 영향력이 되어 두려움의 나락으로 떨어지는 악순환의 고리를 끊어줄 뿐만 아니라 밝은 희망과 기쁨으로 우리를 채워준다. 일종의 나비효과다.

마음과 몸은 같은 듯 다르고 다른 듯 같은 존재다. 몸이 힘들면 마음으로 마음이 힘들면 몸으로 서로 보완하여 서로를 지켜주고 지탱해나간다. 이때 중요한 것이 밝은 기운으로 서로를 감싸주도록 하고, 어두운 기운으로 서로를 바닥으로 끌어당기지 않도록 하는 것이다. "건강한 육체에 건강한 정신이 깃든다"는 말은 변치 않는 진리다.

피부를 관리하고 멋진 속옷을 입자

피부를 관리하자

1년 전쯤 갑자기 치아가 흔들리는 것이었다. 술과 담배를 즐겨하지 않았기에 더 충격이었다. 치과에 가보니 발치를 해야 했다. 게다가 임플란트를 하라고 했다. '나도 이제 나이를 먹었구나'라는 생각이 들며 마음이 움츠러드는 것을 느꼈다. '이제는 혈기왕성한 젊은 시절이 아니니 새로운 무언가 시작하기에는 힘들지 않겠는가?'라는 생각에 서글퍼지기까지 했다. 치과의사는 풍치의 원인은 치석이라고 했다. 칫솔질을 잘해야 되는데 잘못한 것도 원인이라고 했다. 그러면서 평상시 치석 관리를 해야 된다고 했다.

흔히 "피부를 관리하자"라는 말을 들으면 '연예인도 아닌데 무슨 피부 관리를 해?'라고 의아해할 수 있을 것이다.

하지만 피부 관리도 치아 관리와 마찬가지다. 치석 관리하듯, 피부도 관리하는 게 맞다. 그런 면에서 "피부를 관리하자"는 내 제안은 함축적 의미를 담고 있다. 치아나 피부도, 더 나아가 우리 몸도 관리하고 아껴야 오래 쓸 수 있다. 세상의 모든 사물엔 내구연한이 있어서 한계가 있다. 우리 몸도 유한한 것이다.

15년 전쯤 사무실을 지었는데 최근에 쇼윈도 창의 철이 부식되어 손으로 만져도 부서지는 것이었다. '쇠도 부서지는데 내 몸도 많이 부식되었겠다'라는 생각이 들었다. 건축에서는 '유지관리'라는 용어가 있다. 건축의 제 기능을 유지하도록 매년 보수·보강 공사를 하는 것이다. 소정의 기능을 하도록 우리 몸도 유지관리가 필요하다.

어릴 적에 자동차 공업사를 방문한 적이 있는데, 그 건물에 큰 글씨로 쓰여 있었던 글귀가 지금도 기억에 남는다. "닦고 조이고 기름치자." 이렇게 쇠도 부서지고, 건물도 유지관리를 하는데 우리 몸도 유지관리가 꼭 필요하다. 우리가 자신감을 잃어버리지 않도록 말이다.

또 여전히 관리하자

사람들은 남녀노소 불문하고 "어려 보인다"고 하면 입꼬리가 승천한다. 나 역시도 그 말을 들으면 기분이 좋다. 반면에 "많이 늙었다"고 하면 애써 태연한 척해도 과히 기분이 좋지 않다. 긍정은 긍정을 불러오고 부정은 부정을 불러오듯이 듣기 싫은 말은 한 번, 두 번 들으면 짜증까지 난다. 나 혼자 독야청청해도 마음이 상하는 건 어쩔 수 없다. 그래서 외부로 보여지는 모습에도 신경을 써야 한다.

머리 스타일, 단정하고 어울리는 복장, 웃는 미소와 표정 등 외부로 노출되는 부분을 관리해야 한다. 상대에게 보여지는 멋진 모습은 그대로 다시 상대에게 투영되어 우리에게 온다는 사실을 알아야 한다. 예를 들면 "옷이 잘 어울리네요", "머리 스타일이 세련되셨네요", "동안이시네요" 등의 말이 올 수도 있고 우리를 대하는 행동으로도 올 수 있다.

멋진 속옷을 입자

개그맨 주병진은 '좋은 사람들'이라는 회사를 만들어 속옷을 팔았다. 그 시절에는 속옷의 개념이 화려하지 않은 시절이었기에 그 속옷을 입으면 친구에게 보여주고 우쭐대고 싶은 마음도 있었다. 물론 자신감도 생겨났다. 속옷 하나 바꾸었을 뿐인데 자신감이 생겨나다니…. '만약 멋진 속옷을 감추듯 나만 알고 있는 내 마음속

찬란한 보석이 있다면 어떨까? 나만 알고 있는 비밀, 필살기가 있다면?' 아마 속옷 하나 장만한 것과는 비교조차 되지 않을 것이다.

피부 관리가 밖으로 보이는 것에 대한 관리라면, 멋진 속옷 입기는 보이지 않는 내면에 대한 관리라 할 것이다. 나만 알고 있는 비밀, 필살기는 나 자신을 강하게 만든다. 어느 절정의 순간, 찬란하게 빛날 때를 위해 아껴두지만 항상 준비하고 있도록 하자.

무언가 마음속에 자신만 아는 비밀이 있는 사람은 마치 진주조개처럼 신비롭고 찬란하다. 그 필살기가 초콜릿 복근일 수도 있고, 재미있는 마술일 수도, 적절한 유머 멘트일 수도, 전자기타나 피아노 연주일 수도, 멋진 셔플댄스일 수도 있다. 아니면 수상스키나 스노보드일 수도 있고 맛있는 스테이크 요리일 수도 있다.

예컨대 회사에서 멋진 디너쇼를 하는데 홀 가운데 피아노가 있다. 사회자가 건배 제의를 요청하는데 대신 멋진 클래식 연주를 했다. 생각만 해도 짜릿하지 않은가? 여름에 모임에서 태국 푸켓을 갔는데 같이 갔던 일행 중에 수영복을 입으니 복근이 선명한 사람이 있었다. 말할 것도 없이 최고의 인사이더가 되었다.

남보다 잘할 수 있는 것이 있다는 것은 그것이 무엇이든지 나를 충만하게 해주고 그것을 기반으로 다른 것도 잘할 수 있는 열정을 불러일으킨다. 그 열정은 용기의 씨줄과 날줄이 되고 견고한 자신감을 만들어줄 것이다.

반전이 있어야 감동이 깊어진다

예상치 못한 상황에는 몇 배의 감동과 울림이 있다. 우리가 슈퍼맨과 스파이더맨을 좋아하는 이유는, 평상시 조금 어수룩한 일반인이 변신을 하기 때문이 아닐까? 그래서 더 감정이입이 되고 짜릿한 쾌감을 느끼는 것이다. 드라마에서 멋진 주연배우가 TV 버라이어티 프로그램에서는 소탈하고 어딘지 모르게 서투른 모습을 보일 때 시청자들은 더 열광한다.

내가 2020년 한 단체에서 사무국장을 맡은 적이 있다. 회원수가 200명 가까이 되며 회원 간 나이 차이도 30년 이상 되는 경우도 있어 어울리기가 쉽지 않았다. 평상시 말도 많이 하지 않았고 회원들에게 무뚝뚝하게 인식되어 있었다.

여름에 야유회를 가는데 차 속에서 사회를 보았다. 사람들 앞에 나서지 못하는 성격이지만 사무국장을 맡았기에 책임감으로 여러 가지 선물과 멘트를 준비해서 재미있게 하려고 했다. 반응은 너무 좋았기에 다음에는 더 잘할 수 있을 것 같은 자신감을 얻었다. 지금 돌이켜보면 말수도 없고 무뚝뚝한 사람이 재미있게 사회를 보는 반전이 있었기에 사람들이 더 호응해준 것 같다.

꼭 프로처럼 잘할 필요는 없다. 사람들이 느끼기에 낙폭이 크면 감동도 크다는 것이다. 내가 생각하기에 야구선수 류현진이 메이저리그에서 성공한 이유는 볼의 속도 차의 체감이 크기 때문이다.

류현진이 다른 메이저리거처럼 광속구를 소유하지는 않았지만 메이저리그에서 버터내는 이유는 느린 볼과 빠른 볼의 적절한 배합 때문이다.

150km/h를 던지다가 160km/h를 던지면 10km/h의 속도차를 느끼기에 속도에 적응을 하는데 시속 100km/h의 볼을 던지고 시속 145km/h를 던지면 45km/h의 속도차를 느끼기에 빠르다고 느끼는 것이라고 생각한다. 나만의 비장의 무기들을 소유하고 있다면 겉으로 보여지지 않아도 남에게는 강렬한 후광이 보일 것이다.

한 가지 발차기를 만 번 연습하자

프레젠테이션의 달인

스티브 잡스(Steve Jobs)에게는 '혁신의 아이콘'뿐만 아니라 '프레젠테이션의 달인'이라는 수식어도 따라다닌다. 제품을 발표하는 프레젠테이션을 위해 많은 시간을 할애하여 준비하고 연습하여 무대에 올랐다고 한다. "애플의 제품보다 스티브 잡스의 프레젠테이션에 더 열광하여 제품 구매에 이르게 된다"는 말이 있을 정도였다. 그가 원고를 보면서 프레젠테이션을 하는 것을 본 적이 없을 것이다. 그만큼 완벽을 추구하는 것이다.

올림픽 금메달리스트인 강심장 김연아도 프레젠테이션의 어려움을 토로한 적이 있다. 평창동계올림픽 유치의 경합 과정에서 한국 대표로 프레젠테이션을 할 때 심장이 벌렁벌렁하고 다리가 풀리는 느낌을 받았다고 한다. 그만큼 자기 전공분야가 아닌 것은 어렵고 힘들기 마련이다. 그러나 그녀의 프레젠테이션은 국내외 언론에서 호평을 받았다.

한 언론 인터뷰에서 그녀는 "영어 연설문을 통째로 외웠다"고 밝혔다. '스티브 잡스와 김연아도 원고를 외우고 시간을 할애하여 연습을 하는데 나도 그만큼 하고 있나?' 하는 의문이 들었다. 여기서 '원고를 외운다'는 것은 단순히 외운다는 것뿐만 아니라 상징적인 것을 의미한다. 원고를 외울 정도인데 다른 것도 얼마나 치밀하게 준비했겠는가? 예를 들면 카메라 각도, 시선 처리, 표정, 복장, 말투 등 모든 곳에서 사람의 심금을 울릴 수 있도록 노력과 연습으로 준비했을 것이다.

예상치 못한 상황을 사전에 차단하라

사업이나 사회생활을 하다 보면 프레젠테이션이나 발표를 할 일이 반드시 생긴다. 나도 사업상 농협이사와 대의원들 앞에서 프레젠테이션을 한 일이 있었다. 파워포인트로 자료를 준비해서 오전에 농협으로 가서 발표를 하는데 비치되어 있는 기기를 사용하다 보니 익숙하지 않아 시간이 지연되었다.

많은 사람들이 기다린다는 생각에 조급한 마음이 들었고, 그들의 시선이 꽤나 부담스러웠다. 아니나 다를까 프레젠테이션을 하는데 당황하여 레이저 포인터가 목표에 고정되지 못하고 심하게 흔들리는 것이었다. 그것을 보고 내가 더 당황했던 기억이 있다. 한 손에는 원고가 있고, 한 손으로는 레이저 포인터를 잡아야 하는데, 마이크가 하나 더 있었다. 손 하나가 부족했다. 원고를 외웠으면 마이크와 레이저 포인터를 잡게 되어 딱 좋은데 말이다.

사람들은 예상치 못한 상황이 발생하면 당황하기 마련이다. 당황하면 평소에 잘했던 것도 실수하고 일을 그르치기도 한다. 나는 그 일이 있은 후에는 여러 가지 상황을 고려해보는 습관이 생겼다. 조금 일찍 현장에 가서 기기를 체크하고 원고를 외운다. 게다가 PT 자료를 준비했는데 현장의 상황으로 PT를 못할 경우를 대비해서 복사본을 20부 정도 준비한다든지, 유머를 했는데 웃지 않을 것을 대비해서 "농담을 해도 웃지도 않고 힘드네요!"라는 멘트를 준비하기도 했다.

유머를 준비해서 웃으면 기쁨은 크고 심지어 고통의 프레젠테이션이 재미있어지기도 한다. 내가 건축사 자격시험 준비를 했을 때도 마찬가지였다. 건축사 자격시험은 문제를 읽고 작도를 해서 제출하는 방식의 시험이다. 시험의 특성상 문제를 반복해서 읽어도 해법이 나오지 않을 때가 많다. 그렇다고 무작정 문제를 풀어내는 것에 집중할 수는 없다.

왜냐하면 작도를 해서 제출해야 비로소 채점 대상이 되기 때문이다. 이때 플랜 B, 플랜 C, 플랜 D를 가지고 있어야 당황하지 않는다. 30분 남았을 때의 작도 방법, 20분 남았을 때의 작도 방법, 10분 남았을 때의 작도 방법 등 작도의 퀄리티를 조절해서 채점 대상이 될 수 있게 답안을 작성하는 것이다. 시간이 얼마 남지 않았을 때는 출제자의 의도를 모두 만족시키지 못하고 3개 중에 2개만 만족시켜도 작도를 해서 제출해야 채점 대상이 되는 것이다.

2020년 수능에서 첫 교시를 보고 짐 싸서 나온 수험생이 많았다고 들었다. '오죽 당황했으면 포기하고 나왔을까?' 싶지만 '여러 가지 대안을 갖고 수능에 끝까지 임했으면 좋지 않았을까?' 하는 아쉬움이 들었다. 시험이 어려우면 나만 어려운 것도 아닐 텐데 말이다. 나는 제도판과 삼각자로 작성하고 제출해야 되는 시험에서 시간이 없으면 프리 핸드(free hand)라도 작성해야겠다는 각오로 임했는데, 일찍 포기한 수험생들에게 조금 안타까운 마음이 들었다. 오랜 시간을 매달려 수험 준비를 했던 마음을 이해하기에 말이다.

사자는 연습 삼아 사냥하지 않는다

세계 최고의 혁신가로 꼽히는 스티브 잡스는 왜 프레젠테이션에 많은 시간을 할애했을까? 세계 최고의 피겨요정은 왜 영어 원고를 통째로 외웠을까?

이것은 '자신에 대한 강한 믿음'이라고 생각한다. 본인이 전공한 분야 이외에서도 무엇이든 준비하여 할 수 있다는 믿음이다. 이들은 이미 자기 분야에서 세계 최고점에 오른 사람들이다. 이미 그것으로 자신의 소임을 다하고 자신의 목표를 이뤘음에도 다른 분야에서도 두각을 나타내는 것이다. 이것은 우리나라에서도 많은 선례가 있다.

한국 씨름을 석권한 방송인 강호동은 연예계에서도 대상을 타는 등 두각을 나타내고 있으며, 한국 농구의 전설인 서장훈도 연예계에서 왕성한 활동을 하고 있다. 이들의 공통점은 많은 노력과 연습량이다. 서장훈은 농구를 죽기 살기로 했다고 한다. 무엇이든 끌고 와서 자기화시키는 것이다. 자신의 루틴대로 한 분야에서 최고가 되었기에 같은 루틴으로 다른 분야에서도 최고봉을 찍는 것이다.

동물의 왕 사자는 아무리 쉬운 사냥감이라도 최선을 다해 사냥해서 한 번에 숨통을 끊어놓는다고 한다. 연습 삼아 재미로 사냥하는 일은 없는 것이다. 최고봉에 있는 이들은 무슨 일이든 결코 연습 삼아 하지 않는다. 그들이 할 수 있는 최선의 노력을 다하여 맡은 소임을 완수하는 것이다. 우리에게 시사하는 바가 크다.

아마추어와 프로의 감(feel)은 다르다

내가 댄스를 배우면서 느낀 것은 어느 동작을 따라 해도 강사가 하는 동작의 느낌은 절대 나오지 않는다는 것이다. 거울을 보면 어딘가 어설프고 부자연스럽다. 곰곰이 이유를 따져보니 나는 큰 동작만 따라 하기 때문이었다. 강사는 세부적으로 손동작, 표정, 머리동작까지 표현했고, 심지어 흘러나오는 음악의 감정에도 몰입하여 동작을 완성하였다. 그래서 다를 수밖에 없었다.

전설적인 액션 배우 이소룡의 말에서도 알 수 있다. 이소룡은 "만 가지 발차기를 할 줄 아는 사람은 두렵지 않다. 내가 두려운 건 한 가지 발차기를 만 번 연습한 사람이다"라고 했다. 무언가를 잘하기 위해서는 얼마만큼의 시간이 필요할까? 보통 '1만 시간의 법칙'을 많이 이야기한다. 1만 시간은 하루 2시간씩 약 14년 정도의 시간이다. 이 정도는 아니더라도 자기가 흡족할 만큼은 연습이 필요하다고 생각한다. 삶에 성실히 임하는 자세는 뜻하지 않는 기회를 여러분에게 제공할 것이다.

상대방을 칭찬하자

긍정은 메아리도 긍정이다

우리 주변에는 부정적인 시선을 가진 사람도 있고, 긍정적인 시선을 가진 사람도 있다. 나부터도 매사에 긍정적이고 웃는 얼굴로 대하는 사람과 함께하고 싶고, 그러한 사람이 하는 일은 내 일처럼 도와주고 싶기까지 하다.

일전에 교육연수원에서 보수교육으로 강의를 받은 일이 있다. 아침부터 저녁까지 빽빽한 일정에 오랜만에 책상에 앉았기에 연세 지긋한 분들은 체력적으로 힘든 상황이었다. 한번은 아침 수업 시간에 한 교육생이 수업에 늦게 들어오니 교수님이 그 교육생에게 이렇게 물었다. "대체 지금 몇 시인데 들어옵니까? 그런 식으로 교육받으려면 가세요" 하는 것이다. 언뜻 봐도 교수님보다 나이가 많으면 많았지 적게는 보이지 않는 분인데 말이다. 교육생에게 이유도 묻지 않고 무안을 주는 바람에 강의실 분위기가 순식간에 싸해졌던 기억이 있다. 그런 교수님이 있는 반면에 어느 교수님은 정 반대의 태도로 교육생을 대했다.

또 다른 교수님은 "오랜만에 책상에 앉아계시니 힘드시죠? 학창 시절 추억여행이라고 생각하시고 정 힘드시면 잠깐 나가서서 담배 한 대 태우고 오셔도 됩니다"라고 하시는 거다. 거기에 더하여 강의도 유머러스하고 지루하지 않게 하시니 담배 태우러 가는 수험생은 한 명도 없었다. 질책하는 교수님은 강의도 별로 와닿지 않았지만 칭찬하는 교수님의 강의는 집중도가 훨씬 높았다. 그 이유는 '나를 알아주고 배려해주니 나도 수업에 집중해서 교수님의 기대에 부응해야겠다'라고 생각했기 때문인 것 같다.

이것이 긍정의 효과, 칭찬의 효과다. 학창 시절 테니스를 배울 때가 있었는데 테니스장 한쪽에 혼자 연습할 수 있는 공간이 있었다. 일명 '벽치기'라는 것인데 커다란 콘크리트 벽이 있어 벽에 대고 혼자 연습을 한다. 벽치기의 특징은 벽에 세게 테니스공을 치면 나에게 공이 세게 오고, 벽에 테니스공을 약하게 치면 나에게도 약하게 오는 것이다. "너에게서 나온 것은 너에게로 돌아간다"는 말도 있듯이 말이다. 칭찬도 같은 속성으로 내가 상대방을 칭찬하고 존중하면 상대방도 나를 칭찬하고 존중한다.

칭찬을 통해 실제로는 내가 높아진다

몇 년 전 어떤 주제를 가지고 청중 앞에서 발표를 한 일이 있었다. 그런데 바로 내 앞에서 발표하는 사람이 발표를 멋지고 근사하게 너무 잘하는 것이었다. 바로 뒤 순서였던 나는 그 발표자와 비교되는 것 같아 위축되고 긴장되었다. 드디어 내 차례가 되어 연단에 올랐을 때, 나는 발표 전에 앞서 발표한 사람을 칭찬해주었다. “앞의 분이 너무 말씀을 잘하셔서 교수님인 줄 알았습니다. 그리고 제가 할 말을 다 하셔서 저는 할 말이 없어졌어요.” 이런 내 발언에 청중들은 빵 터졌다.

나는 이때 깨달은 것이 칭찬은 유머에 버금가는 효과가 있다는 것이다. 한마디의 칭찬으로 인해 내가 한 발표에 관계없이 나는 앞서 발표한 사람과 청중에게 호감을 얻었고, 웃음으로 인해 분위기를 화기애애하게 이끌 수가 있었으며, 한결 가벼운 마음으로 발표를 할 수 있었다.

우리는 경쟁 사회에서 항상 남보다 잘해서 인정받고 싶어 하는 성향이 있다. 강한 자만이 살아남는 약육강식의 원리와 비슷하다. 그러나 우리는 다른 특성이 있다. 미묘한 감정의 동물이라는 것이다. 너무 애쓰면서 우격다짐으로 하기보다는 칭찬 같은 고도의 테크닉을 쓰면서 고급스러워 보일 수 있기 때문이다. 주변 사람들도 우리와 같은 마음이다.

조금 부족하지만 솔직하고 성실한 사람에게는 연민을 느끼고 기꺼이 격려의 박수를 쳐준다. 반면에 화려하지만 콧대 높고 이기적인 사람의 콧대는 꺾어주고 싶은 심리가 있다. 나를 인정하고 과장하기보다는 솔직하고 담백하게 자신을 표현하고 상대를 칭찬하자. 이것이 내가 비교우위가 될 수 있는 최상의 도구다.

칭찬의 농사를 지어라

"뿌린 대로 거둔다"는 속담이 있다. 본인이 노력한 만큼 수확의 결실을 얻는다는 말이다. 칭찬도 마찬가지다. 내가 칭찬을 듣기 위해서는 칭찬받을 일을 해야 되겠지만 그 전에 칭찬의 씨앗을 주변에 빽빽이 뿌려놓아야 한다. 또 뿌려놓은 칭찬의 씨앗을 잘 가꾸어야 한다.

칭찬에 대해 생각해보면 꼭 칭찬받을 일을 해서 칭찬을 받기도 하지만 우리 존재 자체로 칭찬해줄 일은 무궁무진하다. 예컨대 우리에게는 오감(시각, 청각, 후각, 미각, 촉각)이 있다. 오감을 이용해서 칭찬할 수 있는 것이다. 시각의 예는 친구가 머리를 미용실에서 손질하고 왔을 때 "파마가 잘 나왔다"고 한마디만 해도 그 친구는 하루를 즐겁게 보낼 수 있다. 청각의 예는 직장 동료에게 "오늘 목소리가 유난히 밝은데 저녁에 데이트 약속 있어?"라고 하면 약속이 없어도 기분은 좋을 것이다. 후각의 예는 후배에게 "향수 냄새가 좋은데 연인에게 명품 향수 선물 받았어?"라고 물어보면 괜히 관심 받고 있는 것 같아 기쁜 하루를 보낼 것이다. 미각의 예는 아내에게 "당신이 만든 냉잇국이 정말 최고야"라고 하면 행복한 마음에 설거지를 할 것이다. 촉각의 예는 처음 본 손님과 악수를 하고 "궂은일을 안 하신 손이시네요" 하고 한마디 던지면 항시 웃음으로 답이 오고 화기애애하게 대화를 이어갈 수 있다.

칭찬을 하려면 끝이 없다. 새 옷을 입었으면 "모델 같다"고 하고 단정하게 입었으면 "패션 감각이 최고"라고 한다. 상대방의 머리부터 발끝까지 모두 칭찬할 수 있다. 너무 입에 발린 소리만 아니라면 싫어할 사람은 누구도 없다. 우리는 존재 자체만으로도 칭찬받을 수 있는 것이다.

이러한 칭찬을 듣고 싶다면 선결과제가 있다. 상대방에게 이러한 칭찬을 먼저 해주어야 한다. 칭찬의 씨앗을 뿌리고 정성껏 가꾸어야 한다. "작물은 농부의 발자국 소리를 듣고 큰다"고 한다. 그만큼 성심성의껏 보살펴야 칭찬의 열매를 수확할 수 있다. 오늘부터 칭찬의 씨앗을 마구 뿌려보자.

날마다 조금씩
변화를 주자

변화는 생활의 활기와 신선함을 선사한다

매일 같은 시간에 일어나고, 같은 출근길을 지나서 같은 자리에 주차를 하고, 같은 일을 하고, 어제와 같은 퇴근길을 지나서 집에 온다. 이 같은 매일 똑같은 일상은 우리에게 지루함을 느끼게 하고 삶의 활력을 사그라들게 한다.

나이가 들수록 시간이 빠르게 가는 것처럼 느끼는 것은, 대표적인 익숙함의 산물이다. 우리의 뇌는 매일 반복되는 일상은 생략하고 함축해서 인식한다고 한다. 나부터도 회사에 나와 일을 조금 했다 싶으면 점심시간이고, 점심 먹고 손님 한 명 만나면 퇴근 시간이다. 이렇게 하루, 이틀 지났나 싶으면 주말이고 월말이다.

세월이 유수라더니 유수가 아니고 폭포다. 자고 나면 1년씩 지나간다. 내가 푸념하자고 이 말을 하는 것은 아니다. 우리 일상에 조금만 변화를 줘도 변화무쌍한 하루가 생겨난다. 승용차가 아닌 도보로, 아니면 자전거로 출근해보자. 땀이 나면 회사 근처 사우나나 헬스장에서 샤워하고 출근하면 된다. 정 안 되면 출근길을 돌아가더라도 다른 길로 가보자.

색다른 풍경이 머리에 꽂히면서 새로운 상상력이 샘솟는다. 회사에서 책상의 자리도 바꿔보자. 새로운 아이디어가 떠오르고 하루가 알차게 돌아갈 수 있다. 이런 상황이 힘들면 책상에 생화나 작은 화분을 놓아보자. 그 화분에 물을 주면서 얻을 수 있는 마음의 위안이 한 가득이다.

생화를 보면 마음이 꽃처럼 고와지는 느낌이 든다. 주변 동료에게 말 한마디라도 고운 말이 가기에 직장은 화기애애해진다. 화목한 분위기는 가족까지 이어지고 여기저기서 행복이 싹튼다. 작은 생화 한 송이의 나비효과다.

낯섦에 적응하라

대부분 우리는 익숙함에 편안함을 느끼고, 낯선 것에 불편함을 느낀다. 익숙함에 빠져 그것이 시간과 노력의 산물이며 숙달된 결과라고 인식하며, 낯선 것은 경험의 부족이며 아직 다듬어지지 않은 풋사과 정도로 여긴다. 어찌 보면 올바른 상황 인식인데, 잘못하면 매너리즘에 빠져 혁신과 발전은 기대할 수 없게 될 수도 있다.

혁신은 불편함에서 나오며 변화는 이 같은 창조적 혁신에서 출발한다. 내가 기억하는 최근의 가장 핫한 혁신은 두 고등학생이 2015년 랩을 간편하게 벗기기 위해 개발한 '포장 음식 랩 벗기는 스티커'였다. 우리가 흔히 시켜먹는 배달음식인 중국음식은 랩으로 칭칭 감아져서 와서 벗기기가 생각보다 만만치 않고 잘못하면 국물이 넘칠 수 있다. 이러한 불편함을 느낀 고등학생이 랩에 간단히 스티커를 붙여 랩을 떼어내는 방법을 고안해냈다.

이 학생은 해당 아이템으로 서울특별시 창의 아이디어 경진대회에서 당당히 대상을 차지했고 특허까지 등록해 '짜장면 스티커'로 불리고 있다. 만일 이 두 학생이 배달 음식 랩의 불편함에 적응했다면 이러한 창의적 아이디어는 나오지 않았을 것이다.

삼성 이건희 회장도 변화의 중요성을 강조했다. "마누라와 자식 빼고 모두 바꿔라"는 '프랑크푸르트 선언'이 지금의 삼성을 만들었다고 해도 과언이 아니다. 이 말을 언제 했는지 알면 또 한 번 놀랄 것이다. 1993년으로, 약 30년 전 이야기다. 이러한 변화의 DNA가 있기에 삼성은 일류 기업이 된 것이다.

변화를 즐기면 두려움은 설렘으로 바뀐다

매일 변화를 주는 이유는, 낯설음의 두려움을 즐길 때 비로소 자기 신뢰가 완성되기 때문이다. 익숙함에서 오는 자신감은 누구나 가질 수 있다. 심지어 강아지도 자기 집에서는 짖는 소리가 커지고 주변에 낯익은 주인이 있으면 기고만장하게 꼬리를 흔든다. 그러나 낯선 사람들에게 둘러싸여 있다면 강아지는 꼬리를 감추고 주변의 눈치를 살필 것이다. 이처럼 두려움은 낯설음에서 나오고 자신감은 익숙함에서 나온다.

그러나 낯설음의 두려움을 즐길 줄 안다면 새로운 세상을 만날 수 있게 될 것이다. 럭비가 매력 있는 이유는 공이 어디로 튈지 모르기 때문인 것처럼, 낯설고 익숙하지 않은 환경이 새로운 에너지와 활력을 줄 수 있다. 변화에 대처하는 자신을 보며 성장하는 것을 느껴보자. 새로운 일상의 대응을 즐길 때 낯선 두려움은 새로운 퍼즐을 푸는 설렘으로 바뀌어 있을 것이다.

우리는 이미 새로운 것에 대한 설렘을 느껴보았다. 다만 잊고 있었을 뿐이다. 처음 이성과 미팅했던 기억이 있을 것이다. 처음 직장에 출근했던 기억도 마찬가지다. 처음 새 집에 이사했을 때의 설렘, 처음 차를 샀을 때의 설렘, 선물 상자를 열었을 때의 설렘 등 무수히 많다. 삶에서 이러한 변화무쌍한 설렘이 많을 때 알차고 행복한 것은 자명한 사실이다. 이러한 낯설음에서 설렘을 주변에 선물할 수 있다.

집에 갈 때 꽃다발을 사들고 가보고, 슈퍼에 들러 달콤한 초콜릿을 사서 집에 가보자. 출근할 때 음료라든지 달콤한 케이크를 사서 동료에게 선물해보자. '나는 무뚝뚝해서 죽어도 안 돼' 하는 사람들이 있을 것이다. 무뚝뚝한 사람이 하면 효과는 상상 이상이다. 자신을 한정 짓지 말고 해보자. 나를 과감히 바꿀 때 비로소 자신감은 스며 나온다. 오늘 퇴근길에는 꽃집에 들러보자.

2021년 나의 목표

나는 2021년 새해에 세 가지를 계획했다. 첫 번째는 가족의 행복이고, 두 번째는 새로운 사람과 점심 식사 함께하기이며, 세 번째는 책 읽기다.

첫 번째인 가족의 행복은 거창한 것은 아니고 잠깐 웃을 수 있는 기쁨 주기다. 예를 들어 서울에 있는 딸들에게 카카오톡으로 재미있는 동물 영상이나 유머를 보내서 잠깐 미소 지을 수 있게 하는 것이다. 내가 보내준 영상으로 잠깐 행복하다면 나는 두 배로 기쁠 것 같아서다. 치매가 있는 아버지께는 코로나19로 외출이 힘드시기에 장기 두기와 푸시업(Push-up) 개수만큼 용돈 드리기 등을 계획했다. 아내에게는 좋아하는 쇼핑 같이 해주기, 좋아하는 초콜릿

종류대로 사주기, 예쁜 커피숍 투어하기를 계획했다.

두 번째는 연락이 뜸한 친구나 지인과 점심 식사를 하면서 안부도 묻고 새로운 소식도 접할 수 있었으면 한다. "밥 한번 먹자"고 하면서 일 년이 넘도록 못 본 지인들도 부지기수다. 지금은 코로나 19로 인한 사회적 거리두기 때문에 쉽지 않지만 잠잠해지면 실행에 옮길 계획이다.

세 번째는 책 읽기다. 코로나19가 세계의 경제와 정치 질서를 완전히 뒤바꿔놓았기에 코로나19 후의 미래에 대한 책을 읽어보고 싶다. 앞으로 다가올 미래가 무척이나 궁금하기 때문이다. 경제 부양을 위해 각국이 천문학적인 돈을 풀고 있고 우리나라의 부동산 가격은 천정부지로 치솟고 있다. 테슬라의 대표 일론 머스크(Elon Musk)가 세계 1등 부자로 등극하는 등 하루하루 엄청난 변화의 시대에 살고 있다. 위기는 기회이기 때문에 변화의 소용돌이 속에서 기회를 잡는 방법은 책 속에 있다고 생각한다.

세 가지 모두 다 새로움과 놀라움을 나에게 선사할 것 같아 새해의 목표로 삼았다. 나는 매일 '내일 무슨 일이 생길까?' 하는 설렘에 잠든다.

나만의 마법 주문을 만들어 외우자

평범한 사람을 슈퍼맨으로 만드는 주문

집에는 가훈이 있고, 학교에는 교훈이 있고, 회사에는 사훈이 있다. 가훈을 통해 집안의 내력을 알 수 있고, 사훈을 통해 회사 대표의 경영 마인드를 단번에 알 수 있다. 향후 회사의 성장 방향도 짐작할 수 있을 만큼 강렬하고 많은 의미를 내포하고 있다.

고등학교 친구 중에 '참 바르게 컸구나' 하는 생각이 들 정도로 말과 행동에서 조금의 허튼 점도 없는 친구가 있다. '약간 융통성도 있었으면' 하는 마음에 친구에게 "너무 고지식한 거 아니냐?"고 물어본 적이 있다. 친구는 자기 집 가훈이 '정직하게 살자'인데 어려서부터 그걸 보고 자라서 거짓말하면 큰 죄를 짓는 것 같아 마음이 많이 불편하다고 했다. 그래서 내가 "상대방에게 피해가 없는 선의의 거짓말은 괜찮지 않냐?" 하니 그래도 자신은 불편하고 힘들다고 했다. 조상님들이 만들어놓은 강력한 마법의 주문에 친구가 걸려 있는 것 같았다.

이처럼 마법의 주문은 나의 힘에 타인의 힘이 더해져 강력한 힘을 발휘한다. 고등학교 친구 같은 경우는 조상의 힘이 더해져서 바른 길로 인도해주는 것 같았다.

이봐, 해봤어?

현대 기업의 창업주 정주영 회장에게는 '최초'라는 수식어가 많다. 우리나라 최초의 고속도로, 우리나라 최초의 자동차 포니, 최초의 조선소 설립과 선박 제작 등이다. 심지어 최고의 엔지니어들도 하지 못한 유조선 공법도 만들었다.

'정주영 공법'으로도 불리는 유조선 공법의 탄생 배경은 이렇다. 서산 앞바다 간척사업 중 방조제 공사를 할 때 조수간만의 차가 너무 커서 마지막 물막이를 못하고 있었다. 유속이 너무 빨라서 수십 톤의 바위도 쓸고 내려가는 속수무책 상황에 맞닥뜨렸다.

이에 정주영 회장은 고민을 하다가 거대한 폐유조선을 침몰시켜 "물살이 잦아들 때 매립을 완료하면 어떻겠냐?"는 의견을 제시했다. 이에 기술진이 검증되지 않은 방법이라고 하자 정 회장은 뚝심으로 밀어붙여 지금의 대규모 서산 간척지를 완료했다.

이런 입지전적인 정주영 회장의 마법의 주문은 "이봐, 해봤어?"다. 이 주문이 우리나라를 지금의 선진국의 반열에 올려놓았다고 해도 과언이 아니라고 생각한다. 정주영 회장이 위기 때마다 떠올린 "이봐, 해봤어?"의 강력한 에너지가 느껴지지 않는가?

나는 나를 믿는다

길지 않은 인생을 살았지만 나에게도 인생의 고비가 있었다. 지금까지 누구에게 피해준 적 없다고 자부하고 살았지만 그때의 검찰 조사는 너무 큰 시련이었다. 10년도 넘은 일이지만 그때의 트라우마가 지금도 남아 있다. 추석이 지나고 찬바람 불던 때의 일이어서 그런지 지금도 그 즈음이 되면 당시의 마음고생이 생각나 나를 괴롭힌다.

검찰 조사, 출국 정지, 세무 조사 등 일련의 과정이 나를 죽음까지 생각하게 하고 끝없는 나락으로 빠뜨렸다. 그때 정신이 혼미하던 순간, 그 누구에게도 의지할 수 없었던 순간, 나를 잡아준 건 "나는 나를 믿는다"라는 말이었다. 나는 그 말을 당시에 끝없이 되뇌고 또 되뇌었다. 그 마법의 주문이 없었다면 지금의 나는 없을 정도로 강력한 힘을 내게 주었다. 지금은 추억으로 말할 수 있지만 그 마법의 주문이 내게 상상을 초월하는 슈퍼맨의 용기를 주었다고 생각한다.

마법의 주문 덕분인지 당시 일은 1년 정도 시간이 지나 좋은 방향으로 마무리되었고, 그 이후부터 나는 그 마법의 주문을 급할 때마다 꺼내 쓰곤 한다.

반전의 신의 한 수

거대한 자연 앞에서 인간은 언제나 나약하고 무기력한 존재다. 또한 2020년부터 본격화된 코로나19로 전 세계가 멈춰 섰다. 우리나라도 2020년부터 지금까지 네 차례의 대유행을 겪으면서 하루 확진자가 천여 명을 넘어서는 고비를 맞으며 하루하루를 지나는 중이다. 1년 넘게 계속되는 사회적 거리두기와 이로 인한 불황으로 많은 사람이 생계에 심각한 위협을 느끼고 있으며 여기저기 생활고로 생을 포기하는 사람도 늘어나고 있다. 주변을 돌아봐도 여기저기 비명 소리만 들리고 뉴스에 나오는 소식은 암담할 뿐이다.

이러한 위기 속에서 우리가 믿고 의지할 것은 나 자신이다. 하지만 열심히 버티다가도 에너지가 소진되기 마련이다. 에너지가 소진되면 나에 대한 의심이 피어난다. 나를 아무리 다독여도 나의 능력과 힘의 범위를 벗어난다고 생각이 들기 마련이다. 이때는 마법의 강력한 주문이 필요하다.

마법의 주문은, 나 자신의 능력을 넘어서는 일에서 나의 힘에 더하여 타인의 힘을 끌어들여 우리의 염원을 완성시켜준다. 타인의 힘은 고등학교 친구의 가훈처럼 조상의 힘을 의미할 수도 있고, 정주영 회장의 "이봐, 해봤어?"처럼 실행력을 말하는 것일 수도 있다. 그런가 하면 나의 마법 주문인 "나는 나를 믿는다"처럼 내 안의 또 다른 힘을 끄집어내는 것을 말할 수도 있다. 나는 이를 통틀어 '우주의 기운'이라고 통칭하고 싶다. 우주의 힘을 빌려 위기의 순간 반전의 기회로 만들어보자.

시간이 지나면 매듭이 헐거워지는 것처럼 우리의 의지도 시간이 지나면 약간씩 풀어진다. 쇠도 녹슬기 마련인데 사람 마음이라고 녹슬지 않겠는가? 우리의 의지가 약간 풀어졌을 때도 마법의 주문을 외워보자. 의지가 강하게 조여지고 목표가 가까워짐을 느낄 수 있다.

핸디캡을 개인기로 바꿔라

핸디캡과 두려움은 동전의 양면이다

핸디캡의 사전적 정의는 '자신에게 특별히 불리하게 작용하는 여건'이다. 쉽게 바꾸어 말하면, 남보다 불리하게 작용하는 약점이라고 말할 수 있겠다. 그래서 사람들은 자신의 핸디캡이 노출되는 것을 싫어하고 감추려 한다. 어찌 보면 두려운 대상인 것이다.

핸디캡 없는 사람은 없다. 남들이 보기에 전혀 부족함이 없어 보이는 사람조차도 스스로는 약점이라고 생각하는 것을 한두 가지쯤은 가지고 있기 마련이다. 심지어 누가 보아도 아름다운 배우가 자신의 얼굴이나 신체에 불만을 가지는 일이 허다하다. 남이 볼 때는 욕심이 과한 것 같아 보이지만 정작 본인은 정말로 스스로에게 만족하지 못하는 것이다.

그러나 핸디캡에 대해서 부정적으로 생각할 필요는 없다. 핸디캡은 목표를 만들어주고 성장 가능성을 높이기 때문이다. 서울대학교 출신에 천사 같은 외모를 타고난 배우 김태희도 자신의 연기에 대해서는 만족하지 못한다는 말을 인터뷰에서 여러 번 했다. 남들은 하나도 가지기 힘든 것을 모두 가지고도 핸디캡이 있는 것이다. 핸디캡을 느끼는 사람은 새롭게 도전할 수 있다. 그래서 핸디캡은 두려움이라 쓰고 도전이라 읽는다.

핸디캡을 안다는 것은 재능을 안다는 것

"내 재능이 뭔지 모르겠어"라고 하소연을 하는 사람들이 많다. 나도 지금껏 "나의 재능을 모르겠다"고 주변에 말하고 다녔다. 이것이 자신의 재능에 대한 일반적인 생각이다. 그에 반하여 핸디캡은 정확히 알고 있다. 바꾸어 말하면 핸디캡은 두려움과 불편함, 불안함 등이 수반되지만 그 외의 것은 자신이 덤덤히 수행할 수 있는 것을 의미한다.

따라서 우리는 핸디캡이라고 생각되는 것을 제외하고는 모두 자신의 장점이라고 생각하면 된다. 남들보다 특별히 잘하진 않더라도 마음에 불편함 없이 할 수 있는 것이라고 생각하면 된다. 핸디캡을 아는 순간, 우리는 할 수 있는 무수히 많은 것들이 생기게 된다. 핸디캡은, 내가 제외하는 아주 예외적인 소수의 요인일 뿐이다.

핸디캡을 개인기로 바꿔라

감추고 숨기려 했던 핸디캡에 대해서 스스로 인정하고 핸디캡을 극복해나갈 때 우리는 한 걸음 더 앞으로 나아갈 수 있다. 그 한 걸음은 새로운 세계로 우리를 안내한다.

대학 신입 시절, 교정에는 정말 무수히 많은 동아리가 있었다. 그중에 눈에 들어오는 동아리가 '그룹사운드'였다. 하지만 엄두를 내지 못했다. 나의 핸디캡이 음치와 박치라는 사실을 너무나 잘 알고 있었기 때문이다. 또한 기타 같은 악기를 전혀 연주할 수 없는 사람이 처음부터 배우려면 많은 시간이 필요하기에 그룹사운드 동아리는 고등학교 시절 밴드 활동을 했던 친구들이 주로 가입했다.

그때 나는 무슨 자신감인지 '내가 해보고 싶은 것은 다 해봐야겠다'는 생각에 동아리를 찾아갔다. 그룹사운드 동아리는 소음 때문에 대개 운동장 한쪽의 관중석 밑에 자리하고 있다. 내가 찾아간 곳도 그러한 곳으로, 입구에는 갖가지 위압적인 그라피티가 벽면에 그려져 있었고 악기들로 꽉 찬 동아리실은 나를 압도했다.

하지만 나는 우여곡절 끝에 그룹사운드에 들어가서 활동을 했다. 물론 실수도 많았지만 각종 공연도 나갔다. 특별한 뮤지션들만 하는 공연인 줄 알았는데 직접 해보니 새로운 세상을 접할 수 있었다. 멤버들 간에 음악을 서로 맞추고, 의견을 조율하고, 공연을 기획하고, 연습하고, 무대에 섰다.

물론 그때는 모든 게 처음이라 힘들었지만 시간이 지난 지금은 무엇과도 바꿀 수 없는 소중한 기억으로 남아 있다. 공연 장소를 섭외하고, 포스터를 기획하고, 플래카드를 만들고, 초대권을 배포하고, 공연 곡을 연습하는 등 모든 게 새로웠다. 나의 음치, 박치를 핸디캡이라 치부하고 말았다면 경험하지 못했을 일들이다.

약점이 강점으로 바뀔 때 성장한다

핸디캡은 이처럼 자신의 강점을 알게 하는 힘으로 작용하기도 한다. 따라서 핸디캡을 찾았다면 강점은 발전시키고 약점은 보완하면 된다. 약점을 보완해서 강점이 될 때 비로소 우리는 조금 더 단단해질 수 있다. 그때의 단단함은 표정에서 쉽게 읽을 수 있다.

수업 시간 교수님의 물음에 답을 알고 있는 친구는 교수님과 눈을 마주치고 자신을 지명하기를 원하는 반면에 답을 모르는 친구는 교수님의 시선을 회피한다. 자신을 지목하지 말라는 무언의 의사 표시다.

자신의 핸디캡을 장점으로 바꿔보자. 아니, 개인기로 바꿔보자. 자신의 장단점을 정확히 파악하는 것도 큰 수확이지만 자신의 단점을 극복하기 위해 노력할 때 우리는 발전한다. 누구나 훌륭하다고 알고 있는 천재들도 핸디캡을 극복하기 위해 노력하는데, 우리는 좀 더 노력해야 하지 않을까?

웃는 셀카를 찍자

휴대폰으로 매일 웃는 셀카를 찍자

면접이나 프레젠테이션 상황에서는 평가받는다는 생각에 긴장하게 되고 두려워하게 된다. 우리는 무수히 많은 평가를 받으며 살아왔고 앞으로도 수많은 평가가 눈앞에 있다. 유치원의 받아쓰기, 초등학교 운동회의 달리기 시합, 고등학교 내신, 대입, 취업, 승진 등 인생이 온통 평가 투성이다. 그리고 평가에서 남들보다 비교우위에 있어야 살아남는다.

하지만 이제는 마음의 여유를 갖고 휴대폰으로 나를 촬영해서 연습해보자. 처음에는 목소리도 이상한 것 같고, 표정과 동작도 어색하게 느껴진다. 하지만 한두 번 찍어보면 전문용어로 '카메라 마사지'가 되어 자신감 넘치고 여유만만한 나를 볼 수 있다.

오늘도 무심코 하루가 지나가지만 셀카를 찍으며 자신을 돌아보는 여유를 가져보자. 무표정한 얼굴보다는 미소 짓는 얼굴로 하루를 지내자. 나의 환한 웃는 얼굴로 주변을 환하게 비춰보자.

하루에 한 번은 자신의 모습을 살펴보자

무엇이 그리 바쁜지 하루 종일 한 번도 하늘을 보지 못하고 지나가는 일이 허다하다. 나 또한 여유롭게 하늘을 바라본 지 꽤 오래된 것 같다. 2020년 가을에 업무차 제주도에 갔다가 무지개를 보았다. 무지개를 너무 오랜만에 다시 보니 너무 기뻤다. 무지개를 본 지 한 십 년은 넘지 않았나 싶었다. 그 정도로 가슴 펴고 하늘을 본 적이 없어 한편으론 서글픈 생각도 들었다.

학창시절 고등학교 때 야간자율학습을 하고 집에 갈 때 밤하늘을 보면 별이 그렇게 많이 보였는데 지금은 별을 거의 보지 못한다. 내 가슴이 바짝 마른 것은 아닌지 씁쓸한 마음 지울 길이 없다.

한번은 매일 다니는 헬스장의 트레이너 한 분이 "요새 얼굴이 어둡네요"라고 말을 건네왔다. 평소 누군가에게 속내를 드러내고 말하지 않는 스타일임에도 불구하고 불쑥 말을 들으니 내 마음을 들킨 것 같아 적잖이 놀랐다. 시골에 단독주택도 짓고 사업상 프로젝트도 여러 개 진행하다 보니 몸이 힘든 상태였다. 그분의 말에 의하면, 대여섯 명의 트레이너들이 이구동성으로 "너무 힘들어 보인다"고 말한다는 것이었다. 헬스장에서 말없이 잠깐 운동하고 올 뿐인데 그분들이 내 표정과 행동에서 나를 읽은 것이다.

나는 나의 희로애락을 굳이 감출 필요가 없다고 생각하지만 주변사람을 불편하게 한 것 같아 유쾌한 기분은 아니었다. 나도 모르게 나의 마음속 날씨가 외부로 표출된 것이다. 나의 속마음이기에 말하지 않으면 절대로 남은 모른다고 생각했다. 그러나 그것은 내 생각일 뿐, 실제로는 나의 마음과 몸은 내 마음대로 컨트롤이 되지 않는다.

누구보다도 자신을 잘 안다고 생각하지만 실은 잘 알지 못한다. 잘 알지 못하기에 이제는 객관적으로 하루에 한 번 나를 보아야 한다. 거울을 보거나 셀카를 찍어보자. 내가 오늘은 행복해 보이는지, 우울해 보이는지 체크해서 행복해 보이면 한 번 웃어주고 우울해 보이면 달콤한 커피에 달달한 케이크를 선물해보자. 그것으로 표정이 안 바뀌면 교외로 드라이브를 해서 바람을 쐬고, 매운 아구탕을 먹어보자. 셀카 속 내 모습이 행복한 표정을 지을 때까지 말이다.

그녀의 웃는 표정이 아름답다

배우 서민정 하면 웃는 얼굴이 트레이드마크다. 2000년도에 처음 방송계에 발을 들여놓았는데 데뷔 전 6개월 동안 하루 3시간씩 얼굴에 경련이 날 정도로 웃음 연습을 했다고 한다. 처음부터 웃는 얼굴이 아니었기에 노력으로 웃는 얼굴을 만든 것이다.

나의 경우, 웃겨야 웃지 억지웃음이 참 어렵다. 그 일례로 사진 찍을 때 잠깐 웃는 표정 짓는 것도 참 어색하고 어렵다. 나는 1초도 어려운데, 하루에 3시간씩 연습하여 트레이드마크로 만든 건 대단한 것 같다.

나이테를 통해 나무의 나이와 역경을 알 수 있듯이 나이를 먹으면 얼굴에 인생 역경이 고스란히 드러난다. 특히 힘든 일을 경험한 경우, 틀림없이 얼굴에 새겨진다. 코믹연기를 참 잘했던 기억이 있는 서민정 배우를 보면서 느낀 게 있다. '인생이 얼굴에 흔적을 남기지만 인생도 얼굴을 따라간다는 것'이다.

그녀의 얼굴을 보면 항상 즐겁고 밝기에 불행이 끼어들지 못한다는 생각을 하게 된다. 아니나 다를까 최근의 근황을 보면 여전히 웃는 얼굴에 멋진 치과의사 남편의 사랑을 듬뿍 받고, 예쁜 딸에 사랑이 넘치는 가족 같아 보였다. 나는 "1일 1미를 하자"고 말하고 싶다. 하루에 한 번은 미소를 지어보자는 뜻이다. 웃는 얼굴로 불행이 감히 나를 넘보지 못하게 하자.

우리는 우리가 얼마나 행복한지 모른다

나는 비교라는 단어를 싫어하지만 비교가 필요할 때가 있다. 지금 우리의 일상에서의 걱정은 한심스러울 정도다. 최근 전 세계를 휩쓸고 있는 코로나19 사태만 봐도 그렇다. 마음대로 해외에 가고 식당에서 밤늦게까지 웃고 떠들던, 아무렇지도 않던 일상이 얼마나 그립고 행복한 것인지 알 것이다. 게다가 미얀마는 군부에 의해서 시위대가 총격을 당하는 사태에 이르렀다.

적어도 우리나라는 그러하지 않지 않은가? 선진국이라는 유럽과 미국만 보더라도 연일 코로나19 확진자는 최고치를 경신하고, 거리에는 부랑자와 소매치기로 넘쳐나며, 거리는 쓰레기 천지다. 가까운 일본만 봐도 국민성이 세계 최고라고 했는데 코로나19 사태에 국가시스템이 제대로 기능하지 못하고 사람들이 사재기하는 모습에 실망을 금할 수 없었다. 반면 우리나라는 치안은 안전하고 거리는 깨끗하다.

코로나19 확진자는 발생해도 추적시스템이 적절히 관리를 한다. 물론 더욱 철저한 방역을 요구하는 목소리가 커지기도 한다. 이것은 더욱 발전하기 위한 건강한 목소리다. 에이브러햄 링컨이 말한 "사람은 행복하기로 마음먹은 만큼 행복하다"는 말이 와닿는다.

몸이 시들면 열정도 시든다

매사에 컨디션 관리가 9할이다

공무원시험, 각종 국가고시, 수능시험 등 중요 일정을 앞두고 감기나 몸살에 걸려 시험을 망치는 경우를 종종 볼 수 있다. 나부터도 대입시험을 볼 때 감기에 걸려 힘들었던 기억이 있고 큰딸이 수능시험 당일 컨디션을 조절하지 못해 시험 결과가 좋지 않았다.

일 년에 한 번 있는 시험에 대한 압박은 상상을 초월하여 커다란 부담으로 다가온다. 일 년 동안 고생하여 하루에 평가받는 게 불합리하게 느껴지지만 제도가 그런 것을 누구를 탓하겠는가? 스포츠에서도 이러한 최고의 압박을 이겨내고 결정적 한방의 역할을 해준 사람만이 스타라는 훈장을 갖게 된다.

우리도 마찬가지로 숨 막히는 압박을 이겨낸 자만이 합격의 열매를 딸 수 있다. 시험을 쳐본 사람은 안다. 그날의 컨디션이 얼마나 중요한지 말이다. 컨디션이 좋으면 기대 이상의 성과가 나오고 컨디션이 나쁘면 망쳐버리는 것은 자명한 사실이다. 그래서 시험 며칠 전에는 무리하게 공부하기보다는 컨디션 조절을 해야 한다.

시험 때문이 아니더라도 평소 건강 관리에 힘써야 한다. 감기라도 한 번 걸리면 달력에서 일주일은 아무 성과나 소득 없이 감기 치료에 써야 한다. 이 얼마나 시간 낭비인가? 책을 읽으면 한 권 이상을 읽을 수 있고 무엇을 해도 많은 성과를 얻을 수 있다. 국내여행도 실컷 다녀올 수 있고, 심지어 외국여행도 다녀올 수 있는 시간이다.

감기 치료를 다 받아도 원래의 위치까지 가기 위해서는 또 시동 시간이 걸린다. 부상에서 회복한 축구 선수들이 실전 감각이 무뎌져서 제 실력을 못내는 경우가 얼마나 많은지 알 것이다. 자기 몸을 잘 연구해서 무엇에 취약한지, 부족한 영양분은 무엇인지, 치료를 받아야 되는 곳은 있는지 잘 관리하는 것이 도전의 기본임을 알아야 한다.

물고 늘어지는 승부사가 되자

나이를 먹다 보니 친구와 선배들 중에는 유명을 달리한 경우도 생겨났다. 심지어 건강한데도 불구하고 2020년 말에 코로나19에 의해 세상을 등진 지인도 있다. 처음 소식을 접하고 믿기지가 않았다. 얼마 전만 해도 같이 골프장 가자고 통화를 했기 때문이다.

인생에서 가장 중요한 것은 건강이다. 건강이 나쁘면 다음번은 생각할 수도 없다. 건강을 확보했다면 열정만 있으면 무엇이든지 할 수 있다. 혹자는 나이가 많아서 할 수 없다고 하고, 자기가 처한 상황이 어쩔 수 없는 상황이라고 변명한다. 이런 나약한 말은 하지 말자. 위인전기나 자서전을 보면 정말 말도 안 되는 상황에서 꿋꿋이 일어난 사람들이 있다. 자신은 위인이 아니기 때문에 안 된다고 할 것인가? 위인들도 처음부터 위인이 아니다. 오로지 자신의 목표를 가지고 열정을 불태웠기에 비로소 위인이 된 것이다.

주변의 수험생들을 보면 너무 쉽게 포기하는 게 안타깝다. 물고 늘어지는 승부사의 기질이 거의 없다. 지인의 딸도 수능시험에서 처음 1교시를 보고 재수를 생각했다고 한다. 감기몸살에 걸려 컨디션도 안 좋았고 1교시가 어려웠다고 한다. 나의 머리로는 도무지 이해가 되지 않았다. '학교에서 1등을 할 정도로 공부도 잘하고 밤새워 공부할 정도의 열정도 있는데 대체 왜 근성이 없지? 똑똑한 사람들은 판단도 빠른가?' 하는 생각이 들었다.

내 생각이 모두 맞다고 생각하지는 않는다. 하지만 나의 생각은 나머지 교시에서 충분히 만회할 수도 있고, 찍은 게 맞을 수도 있고, 1교시가 어려웠으면 모두 다 어려웠을 거라는 생각이다. 시험 결과를 보고 재수를 생각해도 될 텐데 말이다. 시험을 보는 상황에서 자신이 할 수 있는 최선의 선택은 최선을 다해 시험을 치르는 것인데 말이다.

세상을 살다 보면 어려운 변수가 무수히 생긴다. 미처 생각하지 못한 변수에 매번 굴복하면 목표 달성은 요원하다. 변화무쌍한 변수를 넘어설 수 있는 것은 끝까지 물고 늘어지는 승부사 근성이라는 것을 명심하자.

한 방을 위한 최소한의 에너지

내 몸이 힘들면 만사가 귀찮다. 몸이 힘들면 말도 부정적으로 나오고 유쾌하지 않은 얼굴 표현이 나온다. 항상 내 에너지의 30%는 남겨놓아야 한다. 방전될 때까지 에너지를 써버리면 정작 중요한 때에 집중하지 못한다. 축구선수 차두리가 손흥민에게 이런 말을 했다고 한다. "진정한 프로는 에너지를 비축했다가 결정적일 때 한 방을 터뜨리는 것"이라고 말이다.

사실 축구선구 손흥민은 공격수임에도 불구하고 수비에 가담하여 체력을 소모하는 모습을 종종 볼 수 있다. 나는 차두리 선수의 말에 100% 동의한다. 공격수는 골을 넣어야 한다. 골을 넣지 못하고 수비를 열심히 하여 골 득점에 실패했다고 변명할 건가? 때로는 모질게 목표에 집중해야 한다. 이것저것 모든 것에 에너지를 쏟다보면 죽도 밥도 되지 않는다는 말이다.

일과가 끝나고 운동을 하면 몸도 마음도 가볍고 다음 날 집중할 수 있는 에너지도 충전이 된다. 하지만 친구들로부터 소주 한잔하자고 전화가 올 때 거절하지 못하고 소주를 마시면 다음 날은 숙취에 헤롱거려 하루 종일 헤매고 만다.

누누이 말하지만 이것저것 다 할 수는 없다. 내가 얻고자 하면 잃는 것도 있어야 한다. 만고의 진리다. 옛날 가전제품 광고 문구가 생각이 난다. "순간의 선택이 10년을 좌우한다." 지금 하루 편하면 나중에 더 고생해야 한다. 바로 이것이 선택과 집중이다. 이것저것 모두 집중하다가는 임팩트 있는 한 방이 필요할 때 힘이 떨어지는 불상사가 생긴다.

매일 나를 가꾸자

‘나’라는 화초를 정성껏 가꾸자

내 사무실 뒤편에 30㎡ 정도의 공간이 있다. 잡초가 날까 봐 처음부터 바닥을 콘크리트로 깔았다. 그래도 먼지가 쌓이고 군데군데 잡초가 올라와서 한 달에 한 번씩이라도 잡초를 뽑아줘야 한다. 텃밭에 대한 로망을 갖고 있어서 2020년 봄부터 화분 10개 정도에 호박, 깻잎, 고추, 장미, 커피 등을 심었다. 매일 사무실에 나오면 맨 먼저 화분에 물을 주는 일로 일과를 시작했다.

작물을 키워보는 일은 처음이라 물만 주면 되는 줄 알고 열심히 물만 주었다. 그랬더니 고추는 크게 자라지 않고 깻잎은 진딧물에 점령을 당했다. 호박도 열매를 맺나 싶으면 어느새 땅바닥에 떨어져 시들고 있다. 곰곰이 생각해보니 화분 속에 있는 영양분으로는 열매 맺기가 힘들어 별도의 거름과 약간의 친환경 농약을 줘야 원하는 농작물을 수확할 수 있을 것 같았다. 그 길로 거름을 구해서 화분에 주고 진딧물약도 뿌렸다.

효과는 좋았다. 매주 수십 개의 고추를 딸 수 있고 호박도 제법 커졌다. 가을에는 제법 큰 호박을 수확하여 먹지 않고 기념으로 책상 위에 올려놓았다. 주변에 자랑도 하고, 보고 있으면 새삼 마음 뿌듯하다.

텃밭을 가꾸는 일이 우리 인생과 닮았다는 생각이 들었다. 우리가 성장하면서 그릇된 길로 빠지고 나쁜 물에 쉽게 물드는 것은 잡초와 비슷했다. 다른 농장물의 성장을 방해하거나 자라지 말아야 할 자리에 자리를 잡은 잡초는 뽑힘을 당한다. 호박을 키우면서 주목했던 점이 있는데, 호박이 어느 정도 커지니 호박과 연결된 줄기가 마르기 시작하여 호박으로 가는 양분이 차단되는 것이다.

호박의 입장에서 양분은 한정되어 있기에 호박 하나에 집중하여 양분을 사용하기보다는 꽃과 잎으로 가는 양분이 중요했기에 선택과 집중의 전략을 택한 것 같다. 이를 곁에서 보니 하찮은 호박이 아니었다. 고도의 전략가 같은 냉철한 판단을 호박에게서 다시 한 번 배웠다. 고추도 영양분과 친환경 농약 등 무엇을 필요로 하는지 세심한 주의를 기울여서 제때 공급을 해줘야 큰 피해 없이 농작물을 수확할 수 있다.

작물도 이러한데 나는 어떠한가? 정작 본인에게는 별 신경을 쓰지 않는다. 이렇게 해서 수확을 할 수 있겠는가? 잡초만 무성하지 않겠는가? 이제부터 '나'라는 화분을 가꿔가자. 무엇이 필요하고 무엇에 고통받고 있는지 세심하게 챙겨서 큰 수확물을 수확해보자. 세련된 검은 수트에 푸른색 와이셔츠도 입혀보고, 고급 스킨과 로션을 얼굴에 발라주고, 맛있는 음식으로 충분한 양분을 공급하자. 벌써 무엇이 수확될지 궁금해진다.

내면의 소리에 귀를 기울여라

다음 질문에 한번 답을 해보기를 바란다.

마지막으로 노래한 것이 언제인가?
마지막으로 춤춘 것이 언제인가?
마지막으로 자신의 이야기를 한 것이 언제인가?
마지막으로 고요히 앉아 있었던 것이 언제인가?

위 질문은 다음 카페에 실려 있던 내용인데, 아프리카 어느 부족이 우울증에 걸리면 묻는 질문이라고 한다. 특히 지금은 코로나19로 사회적 거리를 지켜야 하기에 사람 간의 왕래가 부족해지고

스트레스가 쌓여가고 있다. 경기는 어려워지고, 자영업자들은 폐업이 속출하고 직장을 구하기도 점점 어려워지고 있다.

생계는 더욱 어렵게 꼬여가고 가장들은 막다른 곳에 다다랐다. 자칫 잘못하다가는 생계도 어려워질 수 있다. 이럴 때일수록 더욱 자신을 돌봐야 한다. 어렵고 힘들지만 자신을 돌아보는 시간이 더욱 필요해졌다. 네 가지 질문은 모두 자신의 내면의 소리에 귀를 기울였는지를 물어본다. 지금 같은 어려운 코로나19 시기에는 내면의 소리를 듣는 시간이 더욱 필요하다.

과정에서 얻는 결실은 위대하다

2021년 3월 초에 사업상 제주도에 갈 일이 있어 새벽에 광주공항에 갔다. 당일치기로 다녀오기 위해 일정을 타이트하게 잡고 움직이다 보니 여간 힘든 게 아니었다. 그러나 일찍 부지런을 떨었어도 날씨가 도와주지 않았다. 안개가 끼어 오전 9시 출발 비행기가 30분 연착되더니 2차례 더 연착되어 11시 45분에 출발하게 되었다. 그것도 제시간에 출발하지 않았다. 비행기가 여러 대 연착되어 앞에서부터 밀려 출발하다 보니 더욱 늦어졌다.

3시간의 기다림이 있어 공항에서 식사를 하고 너무 많은 인파에 코로나19 감염이 걱정되어 외부 화단에 나갔다. 화단에는 벌써 앙상한 가지에서 꽃봉오리를 터뜨린 이름 모를 꽃이 있었다. 곧 부러질 것 같은 앙상한 가지와 봄의 기운을 머금은 꽃이 강하게 대비가 되어 나의 마음을 울적하게 만들었다. 앙상한 껍질의 가지가 마치 내 신세 같았다. 겨울철 비바람과 강추위를 버텨내고 가까스로 꽃을 피운 나뭇가지의 고단함이 나의 심장에 그대로 전달되었다.

'만약 이 나무가 꽃을 피우지 않았다면 사람들이 쳐다보았을까?' 결과를 중요시하는 우리 삶에서 그러지 않다고 하기에는 나의 목소리가 작아진다. 하지만 이젠 시각을 조금 바꾸었으면 한다. 과정에서 얻는 결실은 결과물의 결실보다 훨씬 크다는 사실이다. 우리 삶에서도 많은 노력을 했어도 결과만 보면 낙담할 수 있다. 한 예로 내가 사무실 뒤 텃밭에서 화분을 가꾸어서 노력 대비 많은 수확을 하지 못했다.

매일 30분 정도 시간을 들여 물을 주었고 화분과 거름, 모종에 비용을 들였지만 비용 대비 많은 수확을 하지 못했다. 하지만 나는 매일 30분의 정신적 안정을 취할 수 있었고 화분을 가꾸면서 여러 가지 추억을 가질 수 있었다. 또한 많지는 않지만 수확한 농산물을 가족들에게 자랑도 하고 같이 먹기도 했다. 진딧물을 퇴치하기 위해 막걸리와 소주로 친환경 농약을 만들어보기도 했고 물 주는 게 귀찮아서 페트병에 구멍을 뚫어 일주일 동안 조금씩 물이 나오도록 실험도 해보았다.

무미건조한 일상에서 많은 이야깃거리를 주었다. 우리의 마음이 충만해지기 위해서는 조금은 다른 시각을 가져보자. 1+1=2라는 무미건조한 결론보다는 '과정의 알파'가 있다는 중요하고 명백한 사실 말이다.

제임스 딘(James Dean)은 "만족은 결과가 아니라 과정에서 온다"고 하였다. 나를 가꾸었을 때도 같은 맥락이다. 결과만 바라고 나를 가꾸어 나가기보다는 과정 속에서 예기치 않은 많은 알파가 있다는 사실을 인지하자. 결과만 놓고 보면 사실 만족스럽지 못한 경우가 많다. 그때마다 낙담하고 실의에 빠지기보다는 약간은 고차원적인 방정식으로 풀어보면 알파가 더 중요하다는 것을 알 수 있다.

돈 빌려주면
사람도 같이 잃는다

금전 거래는 누구와도 하지 말자

사회생활을 하고 인간관계를 유지하다 보면 금전 거래 상황이 수시로 발생한다. 하지만 결론부터 말하자면 절대 금물이라고 말하고 싶다. “돈을 빌려주면 사람 잃고 돈 잃는다”는 말을 나는 뼈저리게 실감한다. 나에게 돈을 빌리려는 사람은 일단은 경계해야 한다.

자신감을 말하다가 금전 거래 금지라니 서로 상충된다고 생각할 수도 있겠다. 하지만 내가 앞서 강조한 말을 되짚어보았으면 한다. 그 사람의 현재의 위치나 상태는 그 사람의 과거와 미래를 대변한다는 것을 알아야 한다. 물론 불가항력적인 불의의 사고로 일시적인 어려움에 처할 수도 있고 불운이 지속되어 어쩔 수 없는 상황에 빠지기도 한다. 그렇지만 그런 경우는 경험상 많지 않았다. 판단은 자신의 몫이지만 자신의 마음을 지켰으면 하는 생각이다.

돈을 빌려달라는 것은 나를 가볍게 본 경우다

사회생활을 할수록 많은 사람을 만나고 인연을 맺어간다. 많게는 수십 년을 만나는 사람도 있다. 사업을 하는 후배가 있는데 거의 자포자기를 하는 것이었다. 이혼을 하고 자녀도 2명을 묵묵히 키우고 있기에 마음으로는 '대단한 사람이구나'라고 생각을 하던 후배였다.

걱정스러운 마음에 힘들어하는 이유를 물으니 최근에 경기가 좋지 않아 매출이 없다는 것이었다. 매출이 없기에 재료를 살 돈이 없어 사업을 못하고 있었다. 나도 자식을 키우고 있기에 너무나 안타까웠다. 그래서 재료 살 돈이 얼마냐고 물어보니 5백만 원이라고 했다. 나도 어려운 형편이지만 그 후배에게 5백만 원을 주었다.

그런데 그다음 날 가보니 여전히 사업을 안 하고 있었다. 5백만 원으로 밀린 카드값을 갚았다는 것이다. 참 허탈했지만 도리가 없었다. 나는 진심으로 마음 아파하고 손을 내밀었지만 상대방은 호응하지 않는 것에 나만 상처를 입었다.

'형제자매, 일가친척이 외면한 사람에게 내가 뭐라고 선의를 베풀고 관계가 더욱 견고해지기를 바랐단 말인가?' 예상하겠지만 지금은 연락 두절된 상태고 변제도 못 받았다.

또 한번은 지역에서도 이름이 있는 분이 나에게 돈을 빌려달라고 부탁을 했다. 나에게는 큰 금액이었고 빌려줄 수 있는 돈도 수중에 없었다. 20년 가까이 본 지인이고 나에게도 도움을 주고 의리도 있는 사람이라고 생각했다. 그러기에 어떡하든 도움을 주고 싶었고 며칠을 고민을 했다.

앞으로도 도움을 받을 수 있는 사람이기에 거절할 수가 없었다. 그래서 나의 땅에 담보를 잡고 거액을 대출해주었다. 시간이 흘러 상환을 해야 했지만 지인은 계속해서 자신의 사업이 잘되지 않는다는 말로 기간을 계속 지체하기만 했다. 이때의 마음의 상처는 다른 일을 할 수 없을 정도로 심각했고, 나의 사업에 지장을 주었음은 물론 정신적 피폐함과 쓸데없는 시간과 열정의 낭비를 초래했다. 나중에 알았지만 그분의 재산에는 모두 재산 이상의 근저당이 잡혀 있었고 돈을 반환받을 수 있는 방법은 전무했다.

감정의 판단으로 금전 거래를 하는 것은 위험하다는 것을 알려주고 싶다. 다행히 은행에 있던 친구에게 어려움을 호소했더니 방법을 코치해주었다. 내가 받은 차용증으로 사업체의 재산에 압류를 하면 1순위 근저당권자인 1금융회사는 큰 문제로 인식하고 대출 상환을 요청한다는 것이다. 아니나 다를까 사업체를 압류하자

나에게 온갖 회유를 걸어왔지만 무대응으로 일관하자 돈을 상환해주었다. 돈을 융통할 수 있음에도 불구하고 차일피일 미루었다는 마음에 그 사람의 처지를 같이 고민하고 아파한 나날이 여간 씁쓸한 게 아니었다. 나의 사업체에 근저당을 설정하여 돈을 빌려주었을 때는 창공으로 활활 날아가려는 새를 근저당이라는 쇠사슬로 묶어놓아 날아갈 수 없게 만들어놓은 것 같았다. 그래서 나의 사업도 잘못되는 느낌이었다. 실제로 근저당을 풀자 큰 규모의 계약도 따내고 훨훨 날아가고 있다.

나는 자신 있게 말할 수 있다. 나에게 돈 빌려달라는 사람은 일단 멀리하자. 돈을 빌려준 순간부터 불행이 싹을 틔운다. 물론 친한 친구가 용돈 빌려달라면 빌려줘도 된다. 미미한 금액이고 그 돈이 없어도 마음의 상처를 안 받을 정도면 괜찮다. 하지만 금액이 크다면 말이 달라진다. 빌려달라는 말을 듣는 순간 마음에 번민이 생긴다. 이 번민은 짧게는 며칠, 길게는 그 돈을 상환 받을 때까지 몇 년이고 지속된다.

후에 날카롭고 커다란 칼로 변해 나를 위협할 수도 있다. 그 기간 동안 마음의 상처는 필연적이다. 돈은 번민이라는 것을 명심하자. 돈 빌려달라는 말이 나오면 단호히 거절해야 마음의 피폐해짐을 막을 수 있고 더 큰 위협으로부터 나를 지킬 수 있다.

에필로그

왜 나를 시험에 들게 하나?

책 쓰기를 마치고 출판을 준비하던 중에 아이러니한 상황이 내게 찾아왔다. "금전 거래는 득 될 게 없기에 해서는 안 된다"라고 강력하게 주장했던 나다. 그런데 내 혈육이 아파트 청약이 돼서 잔금이 부족하다고 목돈을 빌려달라고 했다. 이때 '왜 나를 시험에 들게 하나?' 라는 생각이 들었다. 결국에는 혈육을 끊어낼 수는 없었다. 아내도 모르게 대출을 받아서 빌려줬다.

심지어 그것도 한 달 먼저 빌려달라고 했다. 돈이 마련되지 않으면 마음이 불안하다는 것이었다. 결국 할 수 없이 목돈을 빌려주었다. 그런데 어느 날 갑자기 느닷없이 전화가 와서는 주식으로 돈을 날렸다고 목돈을 다시 빌려달라고 하는 것이었다.

아마도 내가 혈압이 높았으면 뇌출혈로 쓰러졌을 것이다. 너무 어이가 없어 할 말이 없었다. 치매가 있는 아버지를 모시려고 시골에 주택을 짓는 와중이라 내게는 한 푼이 아쉬운 상황이었다. 또한 평상시에도 형제가 사는 모습이 안타까워 그동안 차도 사주었고,

오피스텔에서 전전긍긍 사는 모습이 안타까워 마침 서울에서 살 새로운 보금자리를 찾고 있던 내 딸과 함께 생활하라고 보증금에 월세까지 3년째 내주고 있었다.

여유가 있어서 베푼 게 아닌데 너무 큰 충격이었다. 나는 짓고 있던 주택 마당에 잔디를 심는 데 돈이 많이 들어 고민하고 있는 와중이었는데 다시 목돈을 빌려달라고 하다니, 내가 부처님도 아니고 말이다.

더군다나 책 출판도 임박했는데 혈육에게 생각지도 못하게 큰 뒤통수를 맞아 출간을 미루어야겠다고 출판사 편집장님에게 사정을 말하게 됐다. 처음에는 솟아오르는 분노에 마음 둘 곳이 없었다. 어려서부터 절약 정신이 투철한 편이라 샴푸나 치약도 다른 사람이라면 버릴 상황인데도 일주일은 더 쓰는 나였다.

마음이 좀처럼 다잡아지지가 않았지만 천천히 쓰던 원고를 다시 읽으며 수정하고 싶은 부분들을 찾아 보완하기 시작했다. 원고 내용에 나를 투영하다 보니 치솟는 분노도 차분히 가라앉았다. 원고 내용 중에 다음 문장이 내게 힘을 주었다.

"인생은 좋은 일 절반과 나쁜 일 절반으로 채워진다."

즉 행복한 만큼 불행하고, 불행한 만큼 행복하다는 뜻이다. 나는 지금까지 힘들고 치열한 삶을 살았다고 생각했는데 실은 나는 행복한 사람이었나 보다. 그랬기에 불행한 일이 벌어진 것이다. 금전 거래는 하는게 아니라고 말했던 내가 결국에는 아이러니하게도 마음이 약해져 어쩔 수 없이 빚을 더 지고 목돈을 다시 빌려주었다.

그래서 결국 내 혈육은 현재 무사히 입주해서 살고 있다. 이제 나는 이때 내가 빌려준 돈이 내 행복의 대가라고 생각한다. 가족을 돈으로 살 수 있겠는가? 내가 돈이 있다면 100억 원이라도, 아니 내 영혼이라도 팔아서 행복의 대가를 지불할 것이다. 거액의 대출금이 나를 벼랑 끝으로 몰아 세웠지만 지금까지 그래왔듯이 배수의 진을 친 계백처럼 나에게 초자신감이 발휘될 것이라 믿어 의심치 않는다.

나와 같은 보통의 사람들에게 힘을 주고 싶어서 이 책을 집필했는데, 오히려 내가 이 책으로 위안을 받고 살아갈 힘을 얻었다. 현재 자신의 상황이 힘들고 괴로운 분들에게 이 책을 올린다.

2021년 7월

사무실에서

북큐레이션 • 원하는 곳에서 꿈꾸고, 가슴 뛰는 삶을 살고픈 이들을 위한 책

《초자신감》과 함께 읽으면 좋은 책. 자신의 인생에 열정을 쏟고 관계의 소중함을 아는 사람이 진정한 성공과 멋진 인생의 주인공이 됩니다.

운명을 바꾸는 행동의 힘

유선국 지음 | 14,000원

여전히 생각 속에서만 살고 있으신가요?
지금 당신의 마음속에 잠재된 거인을 깨워드립니다!

'돈 많이 벌고 싶다', '잘살고 싶다', '즐기면서 살고 싶다', 'SNS 사진 속 사람들처럼 여유로워지고 싶다'. 일상을 살아가면서 한 번쯤 해봤을 생각들이다. 하지만 이런 생각이 들 때면 뭔가 설렘보다는 두려움이 먼저 앞선다. 왜일까? 요즘처럼 살아남기 힘든 세상이 없다고 느끼는 우리에게 가장 필요한 건 이 무모해 보일지도 모를 행동의 힘이다. 나를 가장 단단하게 만들어줄 행동의 힘, 그 힘이야말로 꿈은 물론 현실에 맞설 힘과 원하는 만큼의 돈을 가져다줄 것이다. 지금 당장 당신의 바뀔 운명을 위해 행동하라!

인생이 달라지는 新생존법

이광민 지음 | 14,000원

불확실한 미래, 어떤 준비를 해야할까?
현시대에서 생존하기 위해 꼭 필요한 新생존법

빠르게 변해가는 현재에 맞춰 불확실한 미래 또한 성큼성큼 다가오고 있다. 이러한 시대에서 살아남기 위해 가장 필요한 힘은 무엇일까? 어떤 준비를 해야 나만의 경쟁력을 가질 수 있을까? 여기 지방대 출신임에도 100대 1의 경쟁력을 뚫고 청와대 비서실에 합격하고, 전국 마케팅 배틀 3위를 달성하고, 남들이 선망하는 대기업까지 취업한 한 사람이 있다. 《인생이 달라지는 新생존법》에는 단순히 많은 자기계발서에서 다뤄온 긍정하기, 목표 정하기, 실천하기 등의 내용이 아닌 저자 본인이 직접 계획하고 도전해서 성과를 낸 경험을 바탕으로 이 시대에서 살아남는 현실적인 방안이 세세하게 담겨 있다.